# Kindeswohlgefährdung – erkennen, einschätzen, handeln

**Liebe Leserinnen, liebe Leser!**

Kinder haben ein Recht auf gewaltfreie Erziehung. Dennoch gehören Schläge, mangelnde Fürsorge oder andere Formen von Misshandlung, die das Wohl der Kinder gefährden, in manchen Familien nach wie vor zum Alltag. Meist handeln die Eltern nicht aus Überzeugung, sondern aus Hilflosigkeit. Besonders in zugespitzten Konfliktsituationen und wenn sie selbst mit ihren Kräften am Ende sind, verlieren sie die Kontrolle über sich und fügen ihrem Kind Schaden zu. Beratung und Hilfe können sie dabei unterstützen, einen Weg aus der Gewaltspirale zu finden. Manchmal müssen Kinder aber auch vor ihren eigenen Eltern geschützt werden.
Die Erkenntnis, dass einem Kind von seinen wichtigsten Bezugspersonen Schaden zugefügt wird, ist für Erzieherinnen nur schwer erträglich. Viele Fragen tauchen auf: Sollen wir die Eltern ansprechen? Auf welche Weise sollten wir das am besten tun? Wie groß ist die Gefahr weiterer Gefährdungen? Haben wir bereits etwas übersehen oder versäumt? Ab wann müssen wir das Jugendamt informieren? Wie können wir das Kind schützen, ohne den Kontakt zu den Eltern aufs Spiel zu setzen?
Der Schutz der Kinder vor Gefahren für ihr Wohl gehört zu den Pflichtaufgaben jeder Kindertageseinrichtung. Pädagogische Fachkräfte in KiTas und Krippen erleben die Kinder viele Stunden lang an den meisten Tagen im Jahr. Sie haben regelmäßig Kontakt zu den Eltern, mit denen sie eine Erziehungs- und Bildungspartnerschaft eingehen. Deshalb sind sie besonders gut geeignet, Anzeichen für eine Gefährdung bei Kindern frühzeitig zu erkennen und entsprechende Hilfen anzubahnen. Ziel des vorliegenden Heftes ist es, den in § 8a SGB VIII festgeschriebenen Schutzauftrag bei Kindeswohlgefährdung für den Bereich der Kindertageseinrichtungen zu erläutern und für die Praxis handhabbar zu machen. An zahlreichen Beispielen werden Wege des Handelns bei Verdacht auf Kindeswohlgefährdung dargestellt. Ein Schwerpunkt liegt auf dem Umgang und der Gesprächsführung mit betroffenen Kindern und Eltern. Darüber hinaus wird wichtiges Hintergrundwissen vermittelt (Entwicklung der Kinderrechte, rechtliche Rahmenbedingungen des Kinderschutzes in Deutschland, Formen von Kindeswohlgefährdung sowie ihre Ursachen und Folgen). Gerade weil pädagogische Fachkräfte sich hinsichtlich ihres Schutzauftrags häufig unsicher oder überfordert fühlen, werden hier besonders ausführlich Fragen der Risikoabschätzung und der Hilfen bei Gefährdungen behandelt. Rolle und Aufgabe der Kindertageseinrichtung im Hilfeprozess werden dabei ebenso beschrieben wie die Zusammenarbeit mit anderen Einrichtungen und Diensten. Denn nur fundiertes Wissen sowie eine gute Vernetzung ermöglichen wirkungsvolle Prävention und Hilfe im Akutfall.

**Jörg Maywald**

**Dr. Jörg Maywald** ist Soziologe, Geschäftsführer der Deutschen Liga für das Kind und Sprecher der National Coalition für die Umsetzung der UN-Kinderrechtskonvention in Deutschland. Er ist Mitbegründer des Berliner Kinderschutz-Zentrums und war viele Jahre in der Kinder- und Jugendhilfe und im Kinder- und Jugendgesundheitsbereich tätig.
Kontakt: Deutsche Liga für das Kind, Charlottenstr. 65, 10117 Berlin, E-Mail: post@liga-kind.de

## IV. Formen von Kindeswohlgefährdung

## V. Ursachen und Folgen von Gefährdungen

## VI. Hilfen bei Kindeswohlgefährdung

# I. Das Bild vom Kind – ein gesellschaftlicher Wandel

Über Jahrtausende hinweg galten Kinder als nicht vollwertige Menschen, den Erwachsenen in jeder Hinsicht unterlegen und ihnen daher auch rechtlich nicht gleichgestellt. Kindesmisshandlung war üblich und gesellschaftlich keineswegs geächtet. Kinder als Subjekte und Träger eigener Rechte anzusehen – was auch das Recht auf gewaltfreie Erziehung einschließt – ist historisch neu.

### Ein Blick in die Geschichte

Kinder als Subjekte und Träger eigener Rechte anzusehen und Gewalt in der Erziehung nicht zuzulassen, ist historisch neu und auch heute im Bewusstsein vieler Erwachsener nicht fest verankert. Das hängt mit dem überlieferten Bild vom Kind zusammen. Über Jahrtausende hinweg galten Kinder als noch nicht vollwertige Menschen, den Erwachsenen in jeder Hinsicht unterlegen und ihnen daher rechtlich und faktisch nicht gleichgestellt. Im Verhältnis der Generationen waren die jüngsten und schwächsten Mitglieder der Gesellschaft zugleich diejenigen mit den geringsten Rechten. Ein Blick in die Geschichte zeigt, wie sich Einstellung und Verhalten der Erwachsenen gegenüber den Kindern allmählich gewandelt haben. Unter dem Titel „Hört ihr die Kinder weinen" heißt es bei Lloyd de Mause: „Die Geschichte der Kindheit ist ein Alptraum, aus dem wir gerade erst erwachen. Je weiter wir in der Geschichte zurückgehen, desto unzureichender wird die Pflege der Kinder, die Fürsorge für sie, und desto größer die Wahrscheinlichkeit, dass Kinder getötet, ausgesetzt, geschlagen, gequält und sexuell missbraucht wurden. (…) Bei antiken Autoren (gibt es) hunderte von eindeutigen Hinweisen darauf, dass das Umbringen von Kindern eine allgemein akzeptierte alltägliche Erscheinung war. Kinder wurden in Flüsse geworfen, in Misthaufen und Jauchegräben geschleudert, in Gefäßen ‚eingemacht', um sie darin verhungern zu lassen, auf Bergen und an Wegrändern ausgesetzt als Beute für Vögel, Futter für wilde Tiere, die sie zerreißen würden" (de Mause 1977, S. 12 und 46). Auch wenn Eltern in der Antike durchaus zu Mitgefühl fähig und ihnen die Kinder nicht gleichgültig waren, ist doch festzustellen, dass Kinder nicht als vollwertige Menschen galten. Bezeichnend ist, dass die griechischen und lateinischen Wörter für Kind („pais" bzw. „puer") zugleich auch „Sklave" und „Diener" bedeuten. Im patriarchalischen römischen Recht lag es in der Hand des Vaters, ein neu geborenes Kind anzunehmen oder aber dem Tode auszusetzen (ius vitae et necis).

Tief greifende Veränderungen in unserem Kulturkreis setzten mit der Ausbreitung des Christentums ein. Es ist wohl kein Zufall, dass es erst eines Massenmordes an Kindern durch den römischen Statthalter Herodes bedurfte, um das Bild vom Kind nachhaltig zu verändern und Kinder als den Erwachsenen zumindest vor Gott gleichgestellte Menschen anzuerkennen. Infolge der sich allmählich durchsetzenden christlichen Fürsorgepflicht (caritas) wurden Kindesaussetzungen verboten und erste Kinderschutzeinrichtungen gegründet. 787 n. Chr. öffnete in Mailand das erste Asyl für ausgesetzte Kinder.

Im Zuge der Aufklärung wandelte sich das Bild vom Kind erneut. Neben der Anerkennung eines eigenständigen Lebensrechts des Kindes setzte sich die Auffassung durch, dass Kinder einer besonderen Förderung bedürfen. Die Kindheit als „Erfindung der Moderne" (Philippe Ariès) – als Lebensabschnitt mit eigenen Bedürfnissen – wurde geboren. Im 18., vor allem aber im 19. Jahrhundert wurden erste Arbeitsschutzgesetze erlassen. Die Schule und später der Kindergarten traten als Orte der Bildung und Erziehung zur Familie hinzu. Verbote von „grober" Misshandlung und „unangemessener" Züchtigung durch Eltern, Lehrer, Lehrherren und Heim- und Gefängnisaufseher sollten die schlimmsten Auswüchse von Gewalt gegen Kinder verhindern. Lebensbedingungen, Gesundheit und das Wohl der Kinder wurden zusammen mit der „sozialen Frage" zunehmend Gegenstand des öffentlichen Interesses.

### Kinderrechte weltweit

Zu Beginn des 20. Jahrhunderts wurde eine Bewegung allmählich stärker, die umfassende Rechte für Kinder verlangte. Den Auftakt hierzu machte die schwedische Pädagogin und Frauenrechtlerin Ellen Key, die in ihrem im Jahr 1900 erschienenen Buch „Das Jahrhundert des Kindes" unter anderem ein Recht jedes Kindes auf körperliche Unversehrtheit forderte.

Unter dem Eindruck massenhaften Kinderelends im Ersten Weltkrieg gründete die englische Grundschullehrerin Eglantyne Jebb 1920 das britische Komitee „Save the Children International Union" als ersten internationalen Lobbyverband für die Interessen von Kindern. Ihr in der Zeitschrift „The World's Children" veröffentlichtes Fünf-Punkte-Programm enthielt grundlegende Schutzverpflichtungen der Erwachsenen gegenüber den Kindern und bildete die Grundlage für die vom Völkerbund 1924 verkündete „Geneva Declaration" („Genfer Erklärung").

**Die „Entdeckung der Kindheit" erfolgte im Zeitalter der Aufklärung.**

Ebenfalls in den 1920er-Jahren proklamierte der polnische Kinderarzt und Pädagoge Janusz Korczak in seiner „Magna Charta Libertatis" ein Recht des Kindes auf unbedingte Achtung seiner Persönlichkeit als Grundlage sämtlicher Kinderrechte. Als Leiter eines jüdischen Waisenhauses in Warschau forderte er umfassende Beteiligungsrechte für Kinder und überwand damit die Vorstellung einer allein von Schutz und Förderung geprägten Sichtweise zugunsten eines Bildes vom Kind, das von Gleichwertigkeit und Respekt geprägt ist. „Das Kind wird nicht erst ein Mensch, es ist schon einer", lautete die Quintessenz seiner – der damaligen Zeit weit vorauseilenden – Anschauung.

**Kinderrechte wurden erst im 20. Jahrhundert zum Thema.**

Nach dem Zweiten Weltkrieg setzten die Vereinten Nationen als Nachfolger des Völkerbundes die Beratungen fort. Ein überarbeiteter und erweiterter Text der „Geneva Declaration" wurde am 20. November 1959 von der Vollversammlung der Vereinten Nationen als „Deklaration über die Rechte des Kindes" verabschiedet. In dieser Deklaration wird das Kind erstmals auf internationaler Ebene als Rechtsträger bezeichnet und der Begriff des Kindeswohls („best interests of the child") eingeführt.

Kinder haben Rechte

Auf der Grundlage einer polnischen Initiative anlässlich des Internationalen Jahres des Kindes 1979 wurde eine Arbeitsgruppe der Menschenrechtskommission bei den Vereinten Nationen damit beauftragt, eine Konvention über die Rechte des Kindes zu erarbeiten, die für die unterzeichnenden Staaten – im Unterschied zu der (unverbindlichen) Deklaration – völkerrechtlich verbindlich sein sollte. Am 20. November 1989 wurde dann in der 44. Vollversammlung der Vereinten Nationen das „Übereinkommen über die Rechte des Kindes" (Kinderrechtskonvention) einstimmig verabschiedet. Das Übereinkommen ist insofern einmalig, als es die bisher größte Bandbreite fundamentaler Menschenrechte – ökonomische, soziale, kulturelle, zivile und politische – in einem einzigen Vertragswerk zusammenbindet. Die in den 54 Artikeln dargelegten, völkerrechtlich verbindlichen Mindeststandards haben zum Ziel, weltweit die Würde, das Überleben und die Entwicklung von Kindern (bis 18 Jahren) und damit von mehr als der Hälfte der Weltbevölkerung sicherzustellen. Bis heute haben 193 Staaten die Konvention ratifiziert, lediglich Somalia und die USA gehören nicht dazu.

Ein Jahr später fand in New York der erste Weltkindergipfel statt. Dort wurde ein Programm verabschiedet, das die Lage der Kinder vor allem in den Entwicklungsländern verbessern sollte. Im Mai 2002 folgte der zweite Weltkindergipfel. Erstmals in der Geschichte der Vereinten Nationen kamen Kinder in der Vollversammlung zu Wort. Ihre zentrale Botschaft lautete, dass Kinder nicht nur die oft zitierte Zukunft sind, sondern dass sie heute schon da sind und ihre Rechte einfordern.

## Entwicklung der Kinderrechte in Deutschland

Deutschland hat die UN-Kinderrechtskonvention 1992 ratifiziert, allerdings nicht uneingeschränkt. In einer Erklärung wurden Vorbehalte besonders im Hinblick auf die rechtliche Situation derjenigen Kinder formuliert, die aus Krisengebieten nach Deutschland geflohen sind. Unbegleitete minderjährige Flüchtlinge haben demnach nicht die gleichen Rechte wie deutsche Kinder. Trotz dieser Einschränkungen ist es auch in Deutschland in den vergangenen dreißig Jahren zu einem tief greifenden Perspektivenwechsel gekommen. Kinder werden rechtlich weitgehend nicht mehr als Objekte der Erwachsenen, sondern als Subjekte und damit als Träger eigener Rechte betrachtet. So wurde bereits im Zusammenhang mit der umfassenden Sorgerechtsreform von 1980 der Übergang von der elterlichen „Gewalt" zur elterlichen „Sorge" vollzogen. Außerdem wurde der § 1626 (Absatz 2) in das Bürgerliche Gesetzbuch (BGB) eingefügt, der erstmals die Mitsprache von Kindern und Jugendlichen an allen sie betreffenden Entscheidungen ihrer Eltern rechtsverbindlich festlegte. Seitdem heißt es dort: „Bei der Pflege und Erziehung berücksichtigen die Eltern die wachsende Fähigkeit und das wachsende Bedürfnis des Kindes zu selbstständigem verantwortungsbewusstem Handeln. Sie besprechen mit dem Kind, soweit es nach dessen Entwicklungsstand angezeigt ist, Fragen der elterlichen Sorge und streben Einvernehmen an."

Das 1990 in Kraft getretene Kinder- und Jugendhilfegesetz (KJHG), dessen Kern das Achte Buch Sozialgesetzbuch (SGB VIII) bildet, benennt Kinder und Jugendliche ausdrücklich als Träger eigener Rechte.

Gemäß § 8 Abs. 2 und 3 SGB VIII haben sie das Recht, sich in allen Angelegenheiten der Erziehung und Entwicklung an das Jugendamt zu wenden und dort auch ohne Kenntnis ihrer Eltern beraten zu werden. Nach den §§ 35a und 42 SGB VIII haben Kinder und Jugendliche einen eigenen Anspruch auf Eingliederungshilfe bei seelischer Behinderung bzw. auf Inobhutnahme. 1996 kam mit § 24 SGB VIII der Anspruch des Kindes auf den Besuch eines Kindergartens vom vollendeten dritten Lebensjahr an hinzu.

Die Kindschaftsrechtsreform von 1998 brachte neben der weitgehenden Gleichstellung ehelicher und nicht ehelicher Kinder unter anderem das Recht des Kindes auf Umgang mit beiden Eltern (§ 1684 Abs. 1 BGB) und die Möglichkeit, Kindern in Verfahren, die die elterliche Sorge betreffen, einen Verfahrenspfleger als „Anwalt des Kindes" zur Seite zu stellen. Ein besonders wichtiges Glied in der Kette bedeutender Kinderrechte in Deutschland ist das im November 2000 verabschiedete Gesetz zur Ächtung der Gewalt in der Erziehung (BGBl I 1479 v. 7.11.00). Seitdem haben Kinder bei uns auch im Verhältnis zu den eigenen Eltern ein Recht auf gewaltfreie Erziehung.

Entgegen den Fortschritten auf der einfachgesetzlichen Ebene kommen Kinder in der deutschen Verfassung – dem Grundgesetz – allerdings weiterhin nicht als Träger eigener Rechte vor. In Artikel (Art.) 6 des Grundgesetzes (Ehe und Familie) werden sie lediglich als Anhängsel ihrer Eltern behandelt und es bedurfte eigens eines Urteils des Bundesverfassungsgerichts, um klarzustellen, dass das Kind – wie es in einem wegweisenden Urteil aus dem Jahr 1968 heißt – „ein Wesen mit eigener Menschenwürde und dem eigenen Recht auf freie Entfaltung seiner Persönlichkeit im Sinne der Artikel 1 (1) und Artikel 2 (1) GG ist" (BVerfGE 24, 119, 144).

## Der lange Weg zum Recht auf gewaltfreie Erziehung

Der jahrzehntelange Kampf um die Durchsetzung eines Rechts des Kindes auf gewaltfreie Erziehung ist ein Beispiel dafür, welcher Bewusstseinswandel in Deutschland stattgefunden hat, wenn es um das Verhältnis zu Kindern geht.

Als im Jahr 1900 das Bürgerliche Gesetzbuch in Kraft trat, hatte der Vater gemäß der ursprünglichen Fassung des § 1631 Abs. 2 BGB ausdrücklich das Recht, „angemessene Zuchtmittel gegen das Kind anzuwenden". Das Gesetz schrieb dem Vater als Patriarchen der Familie eine Art „Alleinherrschaft" zu, die sich nicht nur auf die Kinder, sondern ebenso auf die Ehefrau erstreckte. (Bis 1928 hatte der Ehemann ein verbrieftes Recht auf körperliche Züchtigung seiner Ehefrau.)

Es dauerte fast sechzig Jahre, bis das väterliche Züchtigungsrecht im Zuge des Gleichberechtigungsgesetzes 1958 ersatzlos gestrichen wurde. Dem Gesetzgeber war aufgefallen, dass das Recht zur körperlichen Züchtigung nicht gleichermaßen der Mutter zuerkannt war, was dann dazu führte, dass es ganz aus dem Gesetz verbannt wurde. In der Praxis änderte sich dadurch jedoch kaum etwas. Denn während das Jugendarbeitsschutzgesetz aus dem Jahre 1960 ein ausdrückliches Züchtigungsverbot im Lehr- und Arbeitsverhältnis enthielt, fehlte eine solche Norm für das Eltern-Kind-Verhältnis. In der öffentlichen Meinung und auch in der Rechtsprechung wurde die körperliche Züchtigung weiterhin als Gewohnheitsrecht der Eltern betrachtet. So schlossen sich 1970 in einer Umfrage des Instituts für Demoskopie Allensbach fast 40 Prozent der Erwachsenen der Meinung an: „Schläge gehören zur Erziehung, das hat noch keinem Kind geschadet." Noch Ende der 1980er-Jahre

**Die UN-Kinderrechtskonvention wurde 1989 verabschiedet.**

verkündete der Bundesgerichtshof (BGH) in einer Entscheidung, dass die Verwendung eines stabilen Wasserschlauchs als Schlaggegenstand als solches nicht als entwürdigende Behandlung anzusehen sei (BGH JZ 1988, 617).
Allmählich allerdings setzte ein Stimmungsumschwung ein. Im Jahr 1998 waren nur noch knapp 15 Prozent der Erwachsenen in Ost und West der Ansicht, dass Schläge zur Erziehung gehören, während der Anteil derjenigen, die es grundsätzlich falsch finden, ein Kind mit Schlägen zu bestrafen, von 28 Prozent im Jahr 1970 auf immerhin fast 40 Prozent anstieg.
Im Zusammenhang mit dem von den Vereinten Nationen 1979 proklamierten Internationalen Jahr des Kindes forderten der Deutsche Kinderschutzbund und der Deutsche Juristinnenbund erstmals, ein ausdrückliches Züchtigungsverbot in das Bürgerliche Gesetzbuch aufzunehmen. Im Rahmen der Beratungen des Rechtsausschusses des Deutschen Bundestags zu der ersten großen Kindschaftsrechtsreform schlug der Deutsche Juristinnenbund als Lösung dafür die folgende Formulierung vor: „In der Eltern-Kind-Beziehung ist die Menschenwürde zu achten und die freie Entfaltung der Persönlichkeit aller Familienmitglieder zu ermöglichen. Gewalt darf nicht angewendet werden.“
Trotz des reformerischen Geistes war die Zeit für ein Gewaltverbot in der Erziehung noch nicht reif. Der Rechtsausschuss lehnte die ausdrückliche Normierung eines Gewaltverbots ab und fand stattdessen für § 1631 Abs. 2 BGB die folgende, dann 1980 im Zusammenhang mit der großen Sorgerechtsreform Gesetz gewordene Fassung: „Entwürdigende Erziehungsmaßnahmen sind unzulässig.“ Mit dieser Änderung war ein wichtiger Schritt auf dem Weg zur gewaltfreien Erziehung getan. Seitdem können Eltern in Deutschland nicht mehr von einem gesellschaftlichen Konsens oder gar von einer gesetzlichen Billigung ausgehen, wenn sie ihr Kind schlagen.

**Druck auf den Gesetzgeber**

Anfang der 1990er-Jahre wurde der Druck auf den deutschen Gesetzgeber durch die Verabschiedung der UN-Kinderrechtskonvention, die in Art. 19 ein absolutes Gewaltverbot in der Erziehung enthält, auch von internationaler Seite verstärkt.
Doch während Länder wie Schweden, Finnland, Dänemark, Norwegen und Österreich Gewaltverbote in ihren Gesetzen durchsetzten, behielt in Deutschland die Abwehr gegen ein striktes und allgemeines Gewaltverbot in der Erziehung zunächst weiter die Oberhand. Zwar wurden Anfang der 1990er-Jahre im

**Niemals Gewalt**

Viele Eltern und die meisten Großeltern heutiger Kinder wurden mit Gewalt erzogen. Dies gilt vermutlich für alle Länder, auch zum Beispiel für Schweden, das 1979 als erstes Land der Welt die Gewaltfreiheit in der Erziehung gesetzlich verankerte. Astrid Lindgren, die bekannte schwedische Kinderbuchautorin, äußerte anlässlich der Verleihung des Friedenspreises des Deutschen Buchhandels 1978 ihre Meinung zu diesem Thema anhand einer Geschichte:
„Jenen aber, die jetzt so vernehmlich nach härterer Zucht und strafferen Zügeln rufen, möchte ich das erzählen, was mir einmal eine alte Dame berichtet hat. Sie war eine junge Mutter zu der Zeit, als man noch an diesen Bibelspruch glaubte, dieses ‚Wer die Rute schont, verdirbt den Knaben‘. Im Grunde ihres Herzens glaubte sie wohl gar nicht daran, aber eines Tages hatte ihr kleiner Sohn etwas getan, wofür er ihrer Meinung nach eine Tracht Prügel verdient hatte, die erste in seinem Leben. Sie trug ihm auf, in den Garten zu gehen und selber nach einem Stock zu suchen, den er ihr dann bringen sollte. Der kleine Junge ging und blieb lange fort. Schließlich kam er weinend zurück und sagte: ‚Ich habe keinen Stock finden können, aber hier hast du einen Stein, den kannst du ja nach mir werfen.‘ Da aber fing auch die Mutter an zu weinen, denn plötzlich sah sie alles mit den Augen des Kindes. Das Kind musste gedacht haben: ‚Meine Mutter will mir wirklich weh tun, und das kann sie ja auch mit einem Stein.‘ Sie nahm ihren kleinen Sohn in die Arme, und beide weinten eine Weile gemeinsam. Dann legte sie den Stein auf ein Bord in der Küche, und dort blieb er liegen als ständige Mahnung an das Versprechen, das sie sich in dieser Stunde selber gegeben hatte: ‚NIEMALS GEWALT!‘“ (Lindgren 1978, S. 8).

Bundestag und Bundesrat erneut mehrere Entwürfe zur Änderung des § 1631 Abs. 2 BGB beraten, es kam aber zu keiner Verabschiedung. Erst im Rahmen der zweiten großen Kindschaftsrechtsreform von 1998 gelang eine erneute Änderung des umstrittenen Paragrafen. Die damalige Formulierung (Abs. 2) lautete: „Entwürdigende Erziehungsmaßnahmen, insbesondere körperliche und seelische Misshandlungen, sind unzulässig." Ein absolutes Gewaltverbot wurde ein weiteres Mal abgelehnt, trotz des Drucks von politischen Parteien, Verbänden und Wissenschaftlern, die immer wieder auf den Zusammenhang zwischen Gewalterfahrung und (späterer) Gewaltbereitschaft hinwiesen.

Der Regierungswechsel auf Bundesebene im Jahr 1998 brachte dann endlich den Durchbruch und machte den Weg frei für die lange geforderte Verankerung des Gewaltverbots in der Erziehung. Die seit November 2000 geltende Neufassung des § 1631 Abs. 2 BGB lautet: „Kinder haben ein Recht auf gewaltfreie Erziehung. Körperliche Bestrafungen, seelische Verletzungen und andere entwürdigende Maßnahmen sind unzulässig."

Nach § 1631 Abs. 2 Satz 1 BGB haben also alle in Deutschland lebenden Kinder ein Recht auf gewaltfreie Erziehung. Das bedeutet, dass das Kind als Inhaber von Grundrechten – nämlich als Person mit eigener Würde – die Achtung seiner Persönlichkeit auch von den eigenen Eltern verlangen kann. Korrespondierend zu diesem Recht normiert § 1631 Abs. 2 Satz 2 BGB ein Verbot an die Eltern. Sie dürfen bei der Ausübung der Personensorge körperliche Bestrafungen, seelische Verletzungen und andere entwürdigende Maßnahmen nicht mehr einsetzen.

Verstoßen die Eltern gegen dieses Verbot, soll ihnen und den betroffenen Kindern und Jugendlichen vor allem Hilfe angeboten werden.

Denn Ziel des Gesetzes ist die Ächtung von Gewalt in der Erziehung und nicht – wie es in der Begründung für das Gesetz ausdrücklich heißt – die Kriminalisierung der Familie. Nicht die Strafverfolgung oder der Entzug der elterlichen Sorge sollen in Konfliktlagen im Vordergrund stehen, sondern Hilfen für die betroffenen Familienmitglieder. Ergänzend wurde daher in § 16 Abs. 1 SGB VIII die Pflicht der Jugendbehörden angefügt, „Wege aufzuzeigen, wie Konfliktsituationen in der Familie gewaltfrei gelöst werden können." Mit der Reform des § 1631 Abs. 2 BGB im Jahr 2000 ist der Berufung auf ein angeblich bestehendes elterliches Züchtigungsrecht endgültig der Boden entzogen worden. Gewalt in jeder Form darf nicht mehr als legitimes Mittel der Erziehung angesehen werden.

**Geschichte der Kinderrechte – Zusammenfassung**

- Kinder als (Rechts-)Subjekte und Träger eigener Rechte anzusehen, ist historisch neu. Während Kinder im Römischen Recht weitgehend rechtlos waren, erhielten sie mit dem Aufkommen des Christentums wenigstens ein Recht auf Leben. Im Zuge der Aufklärung wurden Arbeitschutz- und später auch Misshandlungsschutzgesetze zugunsten von Kindern erlassen.
- Mit Beginn des von Ellen Kay im Jahr 1900 ausgerufenen „Jahrhundert des Kindes" und verstärkt durch das von Janusz Korczak in den 1920er-Jahren geforderte „Recht des Kindes auf Achtung" entwickelte sich allmählich weltweit ein Bewusstsein für die besonderen Rechtsbedürfnisse von Kindern. Vorläufiger Höhepunkt dieser globalen Entwicklung war die einstimmige Verabschiedung der UN-Kinderrechtskonvention durch die Vereinten Nationen am 20.11.1989.
- Auch in Deutschland kam es zu einem schrittweisen Wandel. 1980 wurde der Begriff der elterlichen Gewalt durch den der elterlichen Sorge abgelöst. Die UN-Kinderrechtskonvention wurde 1992 von Deutschland ratifiziert, wenn auch mit Vorbehalten. Das Grundgesetz kennt bis heute keine ausdrücklichen Kinderrechte.
- Bei Inkrafttreten des Bürgerlichen Gesetzbuchs im Jahr 1900 hatte der Vater gemäß § 1631 Abs. 2 BGB noch das Recht, „kraft Erziehungsrechts angemessene Zuchtmittel gegen das Kind anzuwenden". Nach verschiedenen Umformulierungen und heftigen politischen Kontroversen enthält derselbe Paragraf seit 2000 ein Recht jedes Kindes auf gewaltfreie Erziehung. Seitdem gehört Deutschland zu denjenigen Ländern, die ein absolutes Gewaltverbot in der Erziehung gesetzlich verankert haben.

# II. Rechtliche Rahmenbedingungen

Sowohl nach internationaler als auch nach nationaler Gesetzgebung haben Kinder ein Recht auf Schutz vor Gefahren für ihr Wohl. Da den Kindertageseinrichtungen gemäß § 8 a SGB VIII ein eigener Schutzauftrag bei Kindeswohlgefährdung zukommt, ist es für Erzieherinnen unerlässlich, sich mit den rechtlichen Rahmenbedingungen des Kinderschutzes vertraut zu machen.

## UN-Kinderrechtskonvention

Ausgangspunkt der UN-Kinderrechtskonvention ist die Stellung des Kindes als (Rechts-)Subjekt und Träger eigener, unveräußerlicher Grundrechte. Die in dem „Gebäude der Kinderrechte“ wichtigsten Schutz-, Förder- und Beteiligungsrechte finden sich in den Artikeln 2, 3, 6, 12 und 19.
Art. 2 enthält ein umfassendes Diskriminierungsverbot. In Art. 3 Abs. 1 ist der Vorrang des Kindeswohls festgeschrieben, demzufolge das Wohl des Kindes bei allen Gesetzgebungs-, Verwaltungs- und sonstigen Maßnahmen öffentlicher oder privater Einrichtungen vorrangig zu berücksichtigen ist. Art. 6 sichert das grundlegende Recht jedes Kindes auf Leben, Überleben und Entwicklung. Gemäß Art. 12 hat jedes Kind das Recht, in allen Angelegenheiten, die es betreffen, unmittelbar oder durch einen Vertreter gehört zu werden. Die Meinung des Kindes muss angemessen und entsprechend seinem Alter und seiner Reife berücksichtigt werden.
Ein uneingeschränktes Gewaltverbot in der Erziehung ist in Art. 19 Abs. 1 niedergelegt. Dort heißt es: „Die Vertragsstaaten treffen alle geeigneten Gesetzgebungs-, Verwaltungs-, Sozial- und Bildungsmaßnahmen, um das Kind vor jeder Form körperlicher oder geistiger Gewaltanwendung, Schadenszufügung oder Misshandlung, vor Verwahrlosung oder Vernachlässigung, vor schlechter Behandlung oder Ausbeutung einschließlich des sexuellen Missbrauchs zu schützen, solange es sich in der Obhut der Eltern oder eines Elternteils, eines Vormunds oder anderen gesetzlichen Vertreters oder einer anderen Person befindet, die das Kind betreut.“
(Nachzulesen z. B. unter: www.unicef.de/fileadmin/content_media/projekte/themen/PDF/UN-Kinderrechtskonvention.pdf)

## EU-Grundrechtecharta

Im Gegensatz zum Grundgesetz enthält die im Jahr 2000 verabschiedete EU-Grundrechtecharta eigene Kinderrechte. Art. 24 (Rechte des Kindes) lautet wie folgt: „(1) Kinder haben Anspruch auf den Schutz und die Fürsorge, die für ihr Wohlergehen notwendig sind. Sie können ihre Meinung frei äußern. Ihre Meinung wird in den Angelegenheiten, die sie betreffen, in einer ihrem Alter und ihrem Reifegrad entsprechenden Weise berücksichtigt. (2) Bei allen Kinder betreffenden Maßnahmen öffentlicher oder privater Einrichtungen muss das Wohl des Kindes eine vorrangige Erwägung sein. (3) Jedes Kind hat Anspruch auf regelmäßige persönliche Beziehungen und direkte Kontakte zu beiden Elternteilen, es sei denn, dies steht seinem Wohl entgegen.“

## Grundgesetz

Das Grundgesetz (GG) kennt bisher keine eigenen Kinderrechte. Auch vom Kindeswohl ist dort nicht explizit die Rede. Art. 6 Abs. 2 GG spricht lediglich vom Recht der Eltern und der zuvörderst ihnen obliegenden Pflicht, ihre Kinder zu pflegen und zu erziehen. Allerdings gehört es zur gefestigten Rechtsprechung des Bundesverfassungsgerichts, dass das Kind selbst Träger subjektiver Rechte ist. Daraus folgt, dass Rechte und Pflichten der Eltern an die Persönlichkeitsrechte des Kindes gebunden sind. Den Maßstab der elterlichen Handlungen und Unterlassungen bildet das Kindeswohl, insbesondere wenn es um die Lösung von Konflikten geht. Dabei geht das Bundesverfassungsgericht davon aus, dass „in aller Regel Eltern das Wohl des Kindes mehr am Herzen liegt als irgendeiner anderen Person oder Institution“ (BVerfGE 59, 360, 376).

**Das Grundgesetz kennt bisher keine eigenen Kinderrechte.**

Wenn jedoch die Eltern die Menschenwürde des Kindes nicht respektieren und seine Persönlichkeitsrechte grob missachten, dann – so das Bundesverfassungsgericht – „muss der Staat wachen und notfalls das Kind, das sich noch nicht selbst zu schützen vermag, davor bewahren, dass seine Entwicklung durch den Missbrauch der elterlichen Rechte oder eine Vernachlässigung Schaden leidet. In diesem Sinne bildet das Wohl des Kindes den Richtpunkt für den Auftrag des Staates gemäß Art. 6 Abs. 2 GG“ (BVerfGE 24, 119).
Entsprechend ist in Art. 6 Abs. 2 GG neben dem Recht und der Pflicht der Eltern, ihre Kinder zu pflegen und zu erziehen, das Wächteramt der staatlichen Gemeinschaft festgeschrieben: Der Staat hat über die Betätigung

Wichtige Grundlage

der Eltern zu wachen und das Kind notfalls auch vor seinen eigenen Eltern zu schützen. Eine Wegnahme des Kindes gegen den Willen der Erziehungsberechtigten ist jedoch gemäß Art. 6 Abs. 3 GG nur aufgrund eines Gesetzes und nur in den Fällen möglich, in denen „die Erziehungsberechtigten versagen oder wenn die Kinder aus anderen Gründen zu verwahrlosen drohen".

### Bürgerliches Gesetzbuch

Das Kindschafts- und Familienrecht ist Bestandteil des Bürgerlichen Gesetzbuchs und regelt die rechtlichen Beziehungen zwischen Eltern und Kindern. In § 1627 BGB wird das elterliche Handeln und Unterlassen ausdrücklich an das Wohl des Kindes gebunden. Dort heißt es: „Die Eltern haben die elterliche Sorge in eigener Verantwortung und in gegenseitigem Einvernehmen zum Wohl des Kindes auszuüben. Bei Meinungsverschiedenheiten müssen sie versuchen, sich zu einigen." Gemäß § 1631 Abs. 2 BGB haben Kinder ein „Recht auf gewaltfreie Erziehung. Körperliche Bestrafungen, seelische Verletzungen und andere entwürdigende Maßnahmen sind unzulässig."

**Im Jahr 2005 wurde der Schutzauftrag bei Kindeswohlgefährdung eingeführt.**

Wenn Eltern das Wohl ihres Kindes gefährden, stellt § 1666 BGB die zentrale Begründungsnorm dar für einen legitimen Eingriff des Staates in das grundgesetzlich verbürgte Elternrecht. § 1666 Abs. 1 BGB lautet wie folgt: „Wird das körperliche, geistige oder seelische Wohl des Kindes oder sein Vermögen gefährdet und sind die Eltern nicht gewillt oder nicht in der Lage, die Gefahr abzuwenden, so hat das Familiengericht die Maßnahmen zu treffen, die zur Abwendung der Gefahr erforderlich sind." Zu den möglichen gerichtlichen Maßnahmen gehören gemäß § 1666 Abs. 3 BGB Gebote (z. B. das Gebot, Leistungen der Kinder- und Jugendhilfe oder der Gesundheitsfürsorge in Anspruch zu nehmen), Verbote (z. B. das Verbot, Verbindung zum Kind aufzunehmen), die Ersetzung von Erklärungen des Inhabers der elterlichen Sorge sowie die teilweise oder vollständige Entziehung der elterlichen Sorge.

### Strafgesetzbuch

Schwere Misshandlung und Vernachlässigung sowie der sexuelle Missbrauch von Kindern sind Straftatbestände. Ziel einer Strafverfolgung ist allerdings nicht in erster Linie der Schutz des Kindes – hierfür kommen im Konfliktfall vor allem zivilrechtliche Maßnahmen wie zum Beispiel Auflagen oder eine Einschränkung des Sorgerechts in Betracht –, sondern die Ermittlung und gegebenenfalls Bestrafung des Täters bzw. der Täterin. Eine Pflicht zur Anzeige besteht nicht. Strafrechtlich wird die Misshandlung von Schutzbefohlenen in § 225, die Verletzung der Fürsorge- oder Erziehungspflicht in § 171 Strafgesetzbuch (StGB) erfasst. Sexueller Missbrauch von Kindern wird strafrechtlich in den §§ 176, 176a und 176b StGB behandelt.

### Kinder- und Jugendhilfegesetz (SGB VIII)

Auch im Sozialrecht ist der Schutz von Kindern weit oben angesiedelt. Bereits in § 1 Abs. 3 SGB VIII heißt es, dass „Jugendhilfe (…) Kinder und Jugendliche vor Gefahren für ihr Wohl schützen (soll)". In dem am 1. 10. 2005 neu in das SGB VIII eingeführten § 8a wird der Schutzauftrag bei Kindeswohlgefährdung konkretisiert (siehe Kasten). Der Schutzauftrag gilt sowohl für die Jugendämter als Vertreter der öffentlichen Kinder- und Jugendhilfe als auch für alle übrigen im Bereich der Kinder- und Jugendhilfe tätigen

### § 8a SGB VIII: Schutzauftrag bei Kindeswohlgefährdung

(1) Werden dem Jugendamt gewichtige Anhaltspunkte für die Gefährdung des Wohls eines Kindes oder Jugendlichen bekannt, so hat es das Gefährdungsrisiko im Zusammenwirken mehrerer Fachkräfte abzuschätzen. Dabei sind die Personensorgeberechtigten sowie das Kind oder der Jugendliche einzubeziehen, soweit hierdurch der wirksame Schutz des Kindes oder Jugendlichen nicht in Frage gestellt wird. Hält das Jugendamt zur Abwendung der Gefährdung die Gewährung von Hilfen für geeignet und notwendig, so hat es diese den Personensorgeberechtigten oder Erziehungsberechtigten anzubieten.

(2) In Vereinbarungen mit den Trägern von Einrichtungen und Diensten, die Leistungen nach diesem Buch erbringen, ist sicherzustellen, dass deren Fachkräfte den Schutzauftrag nach Absatz 1 in entsprechender Weise wahrnehmen und bei der Abschätzung des Gefährdungsrisikos eine insofern erfahrene Fachkraft hinzuziehen. Insbesondere ist die Verpflichtung aufzunehmen, dass die Fachkräfte bei den Personensorgeberechtigten oder den Erziehungsberechtigten auf die Inanspruchnahme von Hilfen hinwirken, wenn sie diese für erforderlich halten, und das Jugendamt informieren, falls die angenommenen Hilfen nicht ausreichend erscheinen, um die Gefährdung abzuwenden.

(3) Hält das Jugendamt das Tätigwerden des Familiengerichts für erforderlich, so hat es das Gericht anzurufen; dies gilt auch, wenn die Personensorgeberechtigten oder die Erziehungsberechtigten nicht bereit oder in der Lage sind, bei der Abschätzung des Gefährdungsrisikos mitzuwirken. Besteht eine dringende Gefahr und kann die Entscheidung des Gerichts nicht abgewartet werden, so ist das Jugendamt verpflichtet, das Kind oder den Jugendlichen in Obhut zu nehmen.

(4) Soweit zur Abwendung der Gefährdung das Tätigwerden anderer Leistungsträger, der Einrichtungen der Gesundheitshilfe oder der Polizei notwendig ist, hat das Jugendamt auf die Inanspruchnahme durch die Personensorgeberechtigten oder die Erziehungsberechtigten hinzuwirken. Ist ein sofortiges Tätigwerden erforderlich und wirken die Personensorgeberechtigten nicht mit, so schaltet das Jugendamt die anderen zur Abwendung der Gefährdung zuständigen Stellen selbst ein.

Einrichtungen und Dienste. Während die Absätze 1, 3 und 4 Aufgaben und Arbeitsweise des Jugendamts beschreiben, beinhaltet § 8a Abs. 2 SGB VIII das Vorgehen von anderen „Einrichtungen und Diensten, die Leistungen nach diesem Buch erbringen". Zu diesen gehören auch Kindertageseinrichtungen.

### Datenschutz kontra Kinderschutz?

Der Schutz persönlicher Daten ist ein wichtiger Bestandteil des Persönlichkeitsschutzes und unabdingbar für eine vertrauensvolle Zusammenarbeit zwischen Eltern und Kindertageseinrichtung. Er findet allerdings dort seine Grenze, wo elementare Interessen Dritter berührt sind. Dies gilt in besonderer Weise für den Kinderschutz.

**Im Konfliktfall hat der Kinderschutz Vorrang vor dem Datenschutz.**

In § 62 Abs. 3 Punkt 2.d) SGB VIII ist ausdrücklich festgelegt, dass zur Erfüllung des Schutzauftrags bei Kindeswohlgefährdung nach § 8a SGB VIII Sozialdaten auch ohne Mitwirkung des Betroffenen erhoben werden dürfen. Dies bedeutet zum Beispiel, dass das Jugendamt in den Fällen, in denen gewichtige Anhaltspunkte für eine Kindeswohlgefährdung vorliegen, bei einer Kindertageseinrichtung auch ohne vorherige Zustimmung der Eltern (als Personensorgeberechtigte für das Kind) Informationen, die das Kind betreffen, einholen kann. Allerdings sollte das Jugendamt auch in diesem Fall erwägen, ob nicht eine vorherige Zustimmung der Eltern eingeholt werden kann, um das Vertrauensverhältnis nicht zu gefährden. Umgekehrt gilt, dass die Kindertageseinrichtung im Falle gewichtiger Anhaltspunkte für eine Kindeswohlgefährdung das Jugendamt auch ohne Zustimmung der Eltern informieren kann (und muss), sofern andere Hilfen nicht ausreichend erscheinen, um die Gefährdung abzuwenden (§ 8a Abs. 2 SGB VIII). Auch hierüber sollten die Eltern nach Möglichkeit vorab in Kenntnis gesetzt werden, es sei denn, dies würde das Kind zusätzlich gefährden.

**Rechtliche Rahmenbedingungen – Zusammenfassung**

- Sowohl nach internationalem Recht (UN-Kinderrechtskonvention, EU-Grundrechtecharta) als auch nach nationalem Recht (Grundgesetz, Bürgerliches Gesetzbuch, Kinder- und Jugendhilfegesetz) haben Kinder ein Recht auf Schutz vor Gefahren für ihr Wohl.
- Zwar kennt das Grundgesetz bislang keine expliziten Kinderrechte, gemäß ständiger Rechtssprechung des Bundesverfassungsgerichts sind Kinder jedoch Träger eigener Grundrechte. Das Elternrecht darf als treuhänderisches Recht ausschließlich zum Wohl des Kindes ausgeübt werden. Üben die Eltern ihr Recht missbräuchlich aus, kommt der staatlichen Gemeinschaft gemäß Art. 6 Abs. 2 GG ein Wächteramt zu.
- Gemäß § 1631 Abs. 2 BGB haben Kinder ein Recht auf gewaltfreie Erziehung.
- Dem Recht von Kindern auf Schutz vor Gewalt entspricht eine Schutzpflicht der in der Kinder- und Jugendhilfe tätigen Dienste und Einrichtungen. Dazu gehören auch Kindertageseinrichtungen.
- Der Schutzauftrag bei Kindeswohlgefährdung ist in § 8a SGB VIII näher ausgeführt. Von Kindertageseinrichtungen wird gefordert, gewichtige Anzeichen für eine Kindeswohlgefährdung zu erkennen, das Gefährdungsrisiko unter Hinzuziehung einer insofern erfahrenen Fachkraft einzuschätzen, bei den Eltern auf die Inanspruchnahme von Hilfen hinzuwirken und in den Fällen, in denen die angenommenen Hilfen als nicht ausreichend erscheinen, das Jugendamt zu informieren.
- Eine allgemeine Melde- oder Anzeigepflicht bei Kindeswohlgefährdung besteht nicht.
- Im Konfliktfall hat der Kinderschutz Vorrang vor dem Datenschutz.

**Im aktuellen Heft: Bewegungsförderung – Die Zusammenarbeit mit den Eltern birgt Chancen für ein Mehr an Bewegung und gesunder Entwicklung.**

TANDEM ist ein **Sammelwerk**, mit dem Sie fundierte Informationen und methodisch-praktische Anregungen für **alle Themen des Erziehungsalltags** erhalten. Von erfahrenen Kitaleiterinnen verfasst, vermittelt TANDEM nur Erprobtes und Innovatives und behandelt das jeweilige Thema leicht lesbar auf 8 Seiten.

**Bereits in dieser Reihe erschienen:**

- Rituale
- Selbstständigkeit
- Einblick in den Kita-Alltag
- Entwicklung unterstützen
- Väter in der Kita
- Fit für die Schule
- Konzentrationsförderung
- Trotzphase

Der praktische Leitfaden
für die Zusammenarbeit mit Eltern

Bewegungslust fördern

»Komm, wir klettern auf die Burg!«

Liebe Kolleginnen,

Als pädagogische Fachkräfte wissen wir, wie wichtig vielfältige Bewegungserfahrungen im Kindesalter sind. Sie spielen sowohl für die Entfaltung kognitiver Fähigkeiten als auch für die sozial-emotionale Entwicklung von Kindern eine entscheidende Rolle. Nicht zuletzt fördert Bewegung die seelische und körperliche Gesundheit der Kinder. Doch dieses Wissen allein reicht nicht aus. Verschiedenste Umstände können dazu beitragen, dass die natürliche Bewegungslust eines Kindes blockiert wird oder gar verloren geht. Woran liegt es, dass trotz unserer vielfältigen Bewegungsangebote nicht wenige Kinder ängstlich, ungeschickt oder einfach »Bewegungsmuffel« sind? Die Zusammenarbeit von Erzieherinnen und Eltern ist gefragt, wenn es darum geht, die Chancen, die ein Mehr an Bewegung für eine gesunde Entwicklung birgt, im alltäglichen Leben mit Kindern zu nutzen und umzusetzen. Davon werden am Ende auch die Erwachsenen profitieren, denn: Bewegungsfreude ist ansteckend!

*Dienstag, 10.30 Uhr*
*Seit einer halben Stunde erstürmen die Kinder meiner Gruppe das Außengelände der Kita. Sie toben, klettern und springen, sie fahren mit dem Roller oder graben Löcher in den Sand – bis auf Kai. Er ist drei Jahre alt und steht – wie schon so oft – die ganze Zeit unbeeindruckt neben mir. Er lässt sich nur sehr schwer zu einem Spiel im Freien ermuntern, dies ist für mich immer wieder eine Herausforderung.*
*11.00 Uhr: Kai hat es geschafft. Er hat sich die Kletterburg hochgehangelt. Ich hatte mich als Vorhut selbst auf den Weg zur Burgspitze begeben und ihm den Ausblick von dort mit begeisterten Zurufen schmackhaft gemacht. Nach kurzer Zeit ziehe ich mich fast unbemerkt zurück. Kai hat sich mit Sonja an die Arbeit gemacht, mit einem Handbesen die Burg vom Sand zu befreien.*
*11.30 Uhr: Aufräumzeit. Durch Zufall beobachte ich, wie Monika, meine Kollegin Kai ihre Arme entgegenstreckt. »Komm Kai, ich helfe Dir da runter ...«*

Verlag Herder

1/2010

## Abonnieren Sie TANDEM zum Vorzugspreis!

TANDEM erscheint 8-mal im Jahr und kostet für AbonnentInnen von ‚kindergarten heute' nur 23,00 € (inkl. Versand) im Abo. Der Normalpreis beträgt 25,00 € (inkl. Versand).
**Kein Risiko! Ihr TANDEM-Abo ist jederzeit mit sofortiger Wirkung kündbar.** Das Geld für nicht gelieferte Ausgaben wird Ihnen selbstverständlich zurück erstattet.

## TANDEM macht Sie fit in der Elternzusammenarbeit!

**Bestellen Sie einfach per Telefon: +49 (0)761 2717 379 oder per E-Mail: aboservice@herder.de**
**per Fax: +49 (0)761 2717 249; weitere Infos und Bestellung von älteren Einzelheften: www.kindergarten-heute.de**

# III. Kindeswohl – was ist das eigentlich?

„Kindeswohl“ ist ein sogenannter unbestimmter Rechtsbegriff, der nirgendwo definiert ist und daher der Interpretation im Einzelfall bedarf. Dennoch können wesentliche Elemente einer universell gültigen, sozialwissenschaftlich orientierten Bestimmung des Begriffs, die sich auf die grundlegenden Rechte und Bedürfnisse von Kindern stützt, benannt werden.

### Ein unbestimmter Rechtsbegriff

Aus rechtlicher Perspektive ist das Kindeswohl die zentrale Norm und der wichtigste Bezugspunkt im Bereich des Kindschafts- und Familienrechts. Gemäß § 1627 BGB sind die Eltern gehalten, die elterliche Sorge „zum Wohl des Kindes auszuüben". In § 1697a BGB wird das Kindeswohl zum allgemeinen Prinzip familiengerichtlicher Entscheidungen erhoben. Dort heißt es: „Soweit nicht anderes bestimmt ist, trifft das Gericht (...) diejenige Entscheidung, die unter Berücksichtigung der tatsächlichen Gegebenheiten und Möglichkeiten sowie der berechtigten Interessen der Beteiligten dem Wohl des Kindes am besten entspricht."

Andererseits – und darin zeigt sich ein unvermeidbares Dilemma – steht an keiner Stelle irgendeines Gesetzes, was unter dem Begriff Kindeswohl eigentlich zu verstehen ist. Juristisch handelt es sich hierbei um einen sogenannten unbestimmten Rechtsbegriff, der sich einer allgemeinen Definition entzieht und daher der Interpretation im Einzelfall bedarf. (Das Gesetz selbst konkretisiert im Rahmen des § 1666 BGB den unbestimmten Rechtsbegriff durch die verschiedenen Erscheinungsformen der Kindeswohlgefährdung.) Um eine solche, auf den Einzelfall bezogene Auslegung vornehmen zu können, sind JuristInnen regelmäßig auf außerjuristische Erkenntnisse, insbesondere aus den Medizin- und Sozialwissenschaften, angewiesen. Hier jedoch – in den Humanwissenschaften – treten ähnliche Schwierigkeiten der Definition auf. Zwar behaupten Fachleute nicht selten, im Einzelfall zu wissen, was das Beste für ein Kind sei. Vor die Aufgabe gestellt, allgemeine Voraussetzungen des Kindeswohls anzugeben, müssen aber auch sie zumeist kapitulieren. Bestenfalls wird der Versuch unternommen, durch die Angabe negativer Bedingungen, unter denen das Kindeswohl auf keinen Fall gesichert ist, einen Ausweg aus der Misere zu finden.

Welche Konsequenzen sind hieraus zu ziehen? Sollte das Bemühen um eine Definition des Begriffs „Kindeswohl" aufgegeben werden? Sollte zugelassen werden, dass sich jede Profession, jede Interessengruppe, letztlich jeder Einzelne eine eigene Definition zurechtlegt? Löst sich der Begriff des Kindeswohls auf in den unterschiedlichen Perspektiven der jeweils Beteiligten?

Eine starke Relativierung oder gar Aufgabe des Kindeswohl-Begriffs ist weder zu rechtfertigen noch zu verantworten. Sie wäre mit fatalen Folgen, besonders für die Kinder selbst, verbunden. Demgegenüber soll im Folgenden der Versuch unternommen werden, wesentliche Elemente einer allgemeinen, universell gültigen Bestimmung des Begriffs „Kindeswohl" aufzuzeigen, eine sozialwissenschaftliche Arbeitsdefinition zu entwickeln sowie Verfahrensschritte zu benennen, deren Einhaltung eine bestmögliche Sicherung des Kindeswohls ermöglicht.

### Kindeswohl – Versuch einer Definition

Der Kindeswohl-Begriff ist der Schlüsselbegriff im Spannungsfeld von Elternrecht und staatlichem Wächteramt sowie das zentrale Instrument zur Auslegung von Kindesinteressen. Eine nähere begriffliche Bestimmung muss daher so präzise und trennscharf wie möglich und zugleich ausreichend flexibel sein, um der Kontextgebundenheit und Komplexität jedes Einzelfalls zu genügen.

**Kein Gesetz sagt aus, was genau unter Kindeswohl zu verstehen ist.**

Die folgenden vier Elemente sollten Bestandteil einer Definition sein:

- Orientierung an den Grundrechten aller Kinder als normative Bezugspunkte für das, was jedem Kind zusteht, auch wenn unvermeidbar ist, dass die in den Kinderrechten enthaltenen Versprechen immer nur annäherungsweise eingelöst werden (können);
- Orientierung an den Grundbedürfnissen von Kindern als Beschreibungen dessen, was für eine normale kindliche Entwicklung im Sinne anerkannter Standards unabdingbar ist;
- Gebot der Abwägung als Ausdruck der Erkenntnis, dass Kinder betreffende Entscheidungen prinzipiell mit Risiken behaftet sind und daher versucht werden muss, die für das Kind jeweils günstigste Handlungsalternative zu wählen;
- Prozessorientierung als Hinweis auf die Tatsache, dass Kinder betreffende Entscheidungen aufgrund ihrer starken Kontextabhängigkeit einer laufenden Überprüfung und gegebenenfalls Revision bedürfen.

**Der Begriff Kindeswohl**

Ein am Wohl des Kindes ausgerichtetes Handeln ist dasjenige, welches die an den Grundrechten und Grundbedürfnissen von Kindern orientierte, für das Kind jeweils günstigste Handlungsalternative wählt.

## Grundbedürfnisse von Kindern

Für die Bestimmung des Kindeswohls ist neben dem normativen Bezug auf die grundlegenden Rechte von Kindern (vgl. Kapitel II) eine Orientierung an den grundlegenden kindlichen Bedürfnissen (basic needs) notwendig.

Der US-amerikanische Psychologe Abraham H. Maslow entwickelte 1958 das Modell einer Bedürfnishierarchie, das zumeist in Form einer Bedürfnispyramide bekannt wurde. Das Modell unterscheidet fünf Stufen, darunter (von unten nach oben) (1) die körperlichen Grundbedürfnisse wie Atmung, Wärme, Nahrung, Schlaf und Sexualität, (2) das Bedürfnis nach ausreichender Sicherheit (u.a. körperliche Unversehrtheit, Gesundheit, ethische bzw. religiöse Orientierungen, Gesetze und Riten sowie Lebensplanung), (3) das Bedürfnis nach sozialen Beziehungen (u.a. im Rahmen von Familie, Partnerschaft, Freundeskreis, Nachbarschaft und gesellschaftlichen Kontakten), (4) das Bedürfnis nach sozialer Anerkennung (u.a. durch Status, Wohlstand, Geld, Macht, Auszeichnungen) sowie (5) das Bedürfnis nach Selbstverwirklichung (u.a. durch individuelle Talententfaltung, Altruismus, künstlerische Betätigung oder Welterklärung). Maslow zufolge versucht der Mensch zunächst, die Bedürfnisse der unteren Stufen zu befriedigen, bevor die nächsten Stufen für ihn Bedeutung erlangen. Eine solche hierarchisierte Auflistung der Bedürfnisse ist allerdings unter kinderrechtlichen Gesichtspunkten kritisch zu sehen, weil dadurch nahegelegt wird, dass bestimmte Bedürfnisse weniger wichtig seien als andere.

**Eine Definition muss sich an den grundlegenden Rechten und Bedürfnissen von Kindern orientieren.**

Ein weiterer Versuch einer Konkretisierung spezifisch kindlicher Bedürfnisse ist in der Kindeswohl-Trilogie des interdisziplinären Autoren-Trios Joseph Goldstein, Anna Freud und Albert Solnit (1974, 1982, 1988) zu finden. Zu den grundlegenden Bedürfnissen rechnen sie Nahrung, Schutz und Pflege, intellektuelle Anregungen und Hilfe beim Verstehen der Innen- und Außenwelt. Außerdem brauche das Kind Menschen, die seine positiven Gefühle empfangen und erwidern und sich seine negativen Äußerungen und Hassregungen gefallen lassen. Sein Selbstgefühl und seine Selbstsicherheit im späteren Leben seien abhängig von seiner Stellung innerhalb der Familie, d.h. von dem Gefühl, geschätzt, anerkannt und als vollwertiges Familienmitglied betrachtet zu werden.

Von dem Kinder- und Jugendpsychiater Jörg Fegert stammt das Konzept, die in der UN-Kinderrechtskonvention formulierten Normen in sechs große Bedürfnisbereiche zu übersetzen und die negativen Folgen bei deren Nichtbeachtung zu beschreiben. Hierzu gehören:

- Liebe, Akzeptanz und Zuwendung: Der Mangel an emotionaler Zuwendung kann zu schweren körperlichen und psychischen Deprivationsfolgen bis hin zu psychosozialem Minderwuchs und „failure to thrive“ (nicht organisch bedingten Gedeihstörungen) führen;
- Stabile Bindungen: Bindungsstörungen zeigen sich bei kleinen Kindern zunächst in Auffälligkeiten der Nähe-Distanz-Regulierung und können später zu massiven Bindungsstörungen führen;
- Ernährung und Versorgung: Als Folgen einer Mangel- oder Fehlernährung treten Hunger, Gedeihstörungen und langfristig körperliche sowie kognitive Entwicklungsbeeinträchtigungen auf;
- Gesundheit: Mängel im Bereich der Gesundheitsfürsorge führen zu vermeidbaren Erkrankungen mit unnötig schwerem Verlauf, z.B. infolge von Impfmängeln, Defektheilungen etc.;
- Schutz vor Gefahren von materieller und sexueller Ausbeutung: Psychisch können diese Belastungen zu Anpassungs- bzw. posttraumatischen Störungen führen, die durch eine Fülle von Symptomen und teilweise langfristige Erkrankungsverläufe gekennzeichnet sind;

- Wissen, Bildung und Vermittlung hinreichender Erfahrung: Mängel in diesen Bereichen führen zu Entwicklungsrückständen bis hin zu Pseudodebilität (Fegert 1999, S. 326).

**Die sieben Grundbedürfnisse von Kindern**
Ein aktueller Vorschlag, einen Katalog von kindlichen Grundbedürfnissen zu definieren, stammt von dem amerikanischen Kinderarzt T. Berry Brazelton und dem Kinderpsychiater Stanley I. Greenspan (2002). In ihrem Buch „Die sieben Grundbedürfnisse von Kindern" kommen sie zu folgender Auflistung (Erläuterungen von Resch & Lehmkuhl 2008):

**Das Bedürfnis nach beständigen liebevollen Beziehungen:** Damit Kinder Vertrauen und Mitgefühl entwickeln können, benötigen sie eine einfühlsame und fürsorgliche Betreuung. Jedes Kind braucht mindestens eine erwachsene Person – besser zwei oder drei –, zu der es gehört und die das Kind so annimmt, wie es ist. Für Eltern ist ihr Kind etwas ganz Besonderes. Ihre liebevolle Zuwendung fördert Warmherzigkeit und Wohlbehagen. Sichere und einfühlsame Beziehungen ermöglichen dem Kind, seine eigenen Gefühle in Worte zu fassen und eigenständige Beziehungen zu Gleichaltrigen und zu Erwachsenen aufzunehmen. Zudem bilden sie die Grundlage nicht nur der meisten intellektuellen Fähigkeiten des Kindes, sondern auch für Kreativität und die Fähigkeit zu abstraktem Denken. Auch das moralische Empfinden für das, was richtig und was falsch ist, bildet sich vor dem Hintergrund früher emotionaler Erfahrungen heraus.

**Das Bedürfnis nach körperlicher Unversehrtheit und Sicherheit:** Von Geburt an brauchen Kinder eine gesunde Ernährung und angemessene Gesundheitsfürsorge. Dazu gehören ausreichend Ruhe, aber auch Bewegung, medizinische Vorsorge (Vorsorgeuntersuchungen, Impfungen, Zahnpflege) und die fachgerechte Behandlung auftretender Krankheiten. Gewalt in jeder Form ist als Erziehungsmittel tabu. Körperliche Bestrafungen, seelische Verletzungen und andere entwürdigende Maßnahmen gerade durch die Personen, die dem Kind nahestehen, sind mit nachhaltigen Schäden für Körper und Seele des Kindes verbunden.

**Das Bedürfnis nach individuellen Erfahrungen:** Jedes Kind ist einzigartig und will mit seinen Eigenarten akzeptiert und wertgeschätzt werden. Kinder kommen nicht nur mit unterschiedlichem Aussehen und anderen körperlichen Differenzen zur Welt. Auch angeborene Temperamentseigenschaften unterscheiden sich stark, sogar bei Kindern aus derselben Familie. Manche Kinder sind stärker zu beeindrucken als andere, regen sich schneller auf, sind hoch aktiv und finden schlechter wieder zur Ruhe zurück. Andere dagegen sind insgesamt passiver, reagieren gelassen und verhalten sich eher introvertiert. Kinder wollen in ihren individuellen Gefühlen bestätigt werden. Sie wollen, dass ihre Talente und Fertigkeiten gefördert und nicht für zu hochgesteckte Entwicklungsziele missbraucht werden. Aber auch wenn Talente und Begabungen nicht erkannt werden,

Liebevolle Zuwendung – ein Grundbedürfnis von Kindern

kann dies beim Kind zu Entwicklungsbeeinträchtigungen führen. Je besser es gelingt, den Kindern diejenigen Erfahrungen zu bieten, die ihren besonderen Eigenschaften entgegenkommen, desto größer ist die Chance, dass sie zu körperlich, seelisch und geistig gesunden Menschen heranwachsen.

**Das Bedürfnis nach entwicklungsgerechten Erfahrungen:** Kinder müssen im Laufe ihrer Entwicklung unterschiedliche Entwicklungsphasen und -aufgaben bewältigen. In einer bestimmten Phase lernen sie zum Beispiel, Anteil nehmende und einfühlsame Beziehungen zu anderen Menschen zu knüpfen, während sie in einem anderen Stadium zu kreativem und logischem Denken vordringen. In jeder Entwicklungsphase sind altersgerechte Erfahrungen notwendig. Kinder meistern Entwicklungsaufgaben in sehr unterschiedlichem Tempo. Der Versuch, das Kind anzutreiben, kann die Entwicklung insgesamt hemmen. Wenn Kinder zu früh in erwachsene Verantwortlichkeiten gedrängt werden, können sie nachhaltig Schaden nehmen. Deshalb sollen Kinder nicht zur verantwortlichen Erziehung von Geschwistern missbraucht oder zur Versorgung von Erwachsenen herangezogen werden. Auch übermäßige Behütung und Verwöhnung kann Kindern Schaden zufügen. Stolpersteine müssen von ihnen in einem geschützten Rahmen selbstständig überwunden werden. Wenn wohlmeinende Erwachsene diese immer wieder aus dem Weg räumen, unterschätzen sie die Fähigkeit der Kinder, sie selbst überwinden zu können. Dies führt zu Demütigung und Selbstunterschätzung beim Kind.

**Grenzen zu erfahren, ist ein kindliches Grundbedürfnis.**

**Das Bedürfnis nach Grenzen und Strukturen:** Damit Kinder Freiräume erobern und sich gefahrlos entwickeln können, brauchen sie sinnvolle Begrenzungen und Regeln. Wohlwollende erzieherische Grenzsetzung fordert die Kinder auf liebevolle Weise und fördert bei ihnen die Entwicklung innerer Strukturen. Grenzen müssen auf Zuwendung und Fürsorge, nicht auf Angst und Strafe aufbauen. Denn mit dem Wunsch des Kindes, den Menschen, die es liebt, Freude zu bereiten, gelingt ihm Schritt für Schritt die Verinnerlichung von Grenzen, die es als notwendig zu akzeptieren lernt. Schläge und andere Formen von Gewalt oder Erniedrigung sind als Maßnahmen der Grenzsetzung nicht akzeptabel und gesetzlich verboten. Kinder zu erziehen bedeutet nicht, sie für ihr Fehlverhalten zu bestrafen, sondern ihnen die Anerkennung von Regeln und Grenzen zu erleichtern. Kinder leiden auch, wenn die Grenzsetzung unzureichend ist. Beim Kind entstehen dadurch unrealistische Erwartungen, die schließlich über das Scheitern an der Wirklichkeit zu Frustration, Enttäuschung und Selbstabwertung führen. Die liebevolle Grenzsetzung bietet nach außen hin Schutz und Geborgenheit, das Kind erlebt Halt und Sicherheit. Die Grenze bietet auch Hindernis und Widerstand und kann zur Herausforderung werden. So kann das Kind eigene Willenskundgebungen zur Auseinandersetzung mit Regeln und Rollen auf gefahrlose Weise nutzen. Mit liebevollen Bezugspersonen wird um die Grenzen gerungen, Argumentieren und Durchsetzen werden geübt. Schritt für Schritt gelingt es dem Kind, sich gegenüber den Eltern Spielräume und Grenzverschiebungen zu erarbeiten. Der durch Grenzen abgesteckte Erfahrungsraum wird überschaubar, bietet Anregung und lässt der Neugier gefahrlos freien Lauf.

**Das Bedürfnis nach stabilen und unterstützenden Gemeinschaften:** Mit zunehmendem Alter gewinnt die Gruppe der Gleichaltrigen immer mehr an Bedeutung für Persönlichkeitsentwicklung und Selbstwertgefühl der Kinder und Jugendlichen. Die Entwicklung von Freundschaften ist eine wichtige Basis für das soziale Lernen. Soziale Kontakte, Einladungen zu anderen Kindern, Übernachtungen außerhalb des Elternhauses stellen wichtige Voraussetzungen für die Entwicklung sozialer Fertigkeiten dar. Kinder und Jugendliche lernen, sich selbst besser einzuschätzen und zu behaupten, Kompromisse einzugehen, auf andere Rücksicht zu nehmen und Freundschaft und Partnerschaft zu leben. Dies alles trägt zur Entwicklung sozialer Verantwortlichkeit bei, die wiederum die

Voraussetzung für eigene spätere Elternschaft darstellt. Negative Einflüsse von Seiten der Gleichaltrigengruppe, häufige Wechsel von Kindertageseinrichtung und Schule oder wiederholte Verluste von Freundschaften können demgegenüber nachhaltige Wirkungen auf Selbstwert und Identität ausüben. Die Eltern, aber auch andere Erwachsene im Umfeld des Kindes sind aufgerufen, faire, durchschaubare und respektvolle nachbarschaftliche Verhältnisse zu schaffen. Die Erwachsenen müssen dafür sorgen, dass Kinder unter angemessenen Rahmenbedingungen einander begegnen, miteinander spielen, lernen und arbeiten können. Das fördert das Gefühl für Zusammengehörigkeit, Gerechtigkeit und Solidarität.

**Das Bedürfnis nach einer sicheren Zukunft für die Menschheit:** Das siebte Grundbedürfnis von Kindern betrifft die Zukunftssicherung. Immer mehr hängt das Wohl jedes einzelnen Kindes mit dem Wohl aller Kinder dieser Welt zusammen. Die Erwachsenen gestalten die Rahmenbedingungen für die nächste Generation. Weltweite Politik, Wirtschaft, Kultur und Gesellschaft tragen hier eine bisher nicht eingelöste Verantwortung. Ob Kinder und Jugendliche diese Welt als gestaltbares Ordnungsgefüge oder unheimliches Chaos erleben, wird an der Entwicklung ihrer Persönlichkeiten liegen, welche die Eltern und alle anderen Erwachsenen mit ihren je eigenen Persönlichkeiten mitzugestalten geholfen haben.

## Kindeswohl und Kindeswille

Ein an den Grundrechten des Kindes orientiertes Verständnis des Kindeswohls schließt die Berücksichtigung des Kindeswillens ein. Bezugspunkt dafür ist das in Art. 12 Abs. 1 der UN-Kinderrechtskonvention niedergelegte Recht des Kindes auf Beteiligung an allen seine Person betreffenden Entscheidungen. Entsprechende Regelungen in der deutschen Gesetzgebung sehen eine Beteiligung des Kindes an es selbst betreffenden Angelegenheiten im Rahmen der Familie (§ 1626 Abs. 2 BGB) bzw. im Rahmen von Hilfeplanung (§ 36 Abs. 1 SGB VIII) vor. In Verfahren, die die elterliche Sorge betreffen, erfolgt die Beteiligung des Kindes durch persönliche Anhörung und/oder durch die Bestellung eines Verfahrenspflegers in den dafür vorgesehenen Fällen.

Das Recht des Kindes auf Beteiligung nach Art. 12 Abs. 1 der UN-Kinderrechtskonvention ist nicht an eine Altersgrenze gebunden und gilt für alle Kinder. Besondere Herausforderungen ergeben sich im Falle junger, der Sprache noch nicht mächtiger Kinder sowie bei Kindern mit besonderen Bedürfnissen, zum Beispiel aufgrund von Krankheit, Behinderung, Migrations- oder Gewalterfahrung. Hier sind besondere (u.a. empathische) Fähigkeiten der verantwortlichen Erwachsenen notwendig, um auch diese Kinder angemessen an den sie betreffenden Entscheidungen zu beteiligen.

Die Berücksichtigung des Kindeswillens als bedeutsamer Teilaspekt des Kindeswohls bedeutet nicht, dass die Entscheidung durch den kindlichen Willen (allein) bestimmt wird. Nicht eine das Kind in zahlreichen Fällen überfordernde Selbstbestimmung ist Ziel seiner Beteiligung. Vielmehr soll sichergestellt werden, dass die Sichtweise des Kindes in Entscheidungsprozessen angemessen berücksichtigt wird. Die Verpflichtung der verantwortlichen Erwachsenen (insbesondere der Eltern), das Kind bei der Ausübung seiner anerkannten Rechte zu leiten, bleibt davon unberührt.

**Kindeswohl und Kindeswille müssen nicht identisch sein.**

Auch im gerichtlichen Zusammenhang hat sich der kindliche Wille im Konfliktfall dem Kindeswohl unterzuordnen. „Der Kindeswille als Ausdruck des ‚subjektiven Kindesinteresses' bleibt Gesichtspunkt im Rahmen des übergeordneten Entscheidungsmaßstabs Kindeswohl, d.h. des ‚wohlverstandenen Kindesinteresses'. Dem gemäß muss die Verträglichkeit der vom Kind gewünschten Lösung mit seinem ‚Wohl' geprüft werden. Der Kindeswille bindet das Gericht nicht. Die ‚wohlverstandenen Kindesinteressen' können es rechtfertigen, auch von einem grundsätzlich nachvollziehbaren Kindeswillen abzuweichen" (von Staudinger & Coester 2000, § 1671, Rz. 234).

## Kindeswohl und Elternrecht

Viele Erwachsene – auch Eltern und PädagogInnen – äußern Vorbehalte gegenüber einem Vorrang des Kindeswohls und der Anerkennung kindlicher Rechte. Häufig wird damit die Vorstellung verbunden, Kindern sei es nunmehr erlaubt, den Erwachsenen auf dem Kopf herumzutanzen. „Die meisten Kinder dürfen doch heute bereits viel zu viel, und nun sollen sie auch noch Rechte bekommen!" So und ähnlich lauten die besorgten Kommentare.
Bei näherem Hinsehen allerdings stellt sich diese Auffassung als ein Missverständnis heraus. Zwar ist die Anerkennung des Kindes als Träger eigener Rechte Ausdruck für einen tief greifenden Wandel im Verhältnis der Erwachsenen zu den Kindern. Hier zeigt sich der Übergang zu einem neuen Generationenverhältnis. An die Stelle der Unterordnung des Kindes unter den Willen und die Macht der Eltern tritt eine Beziehung auf der Basis gleicher Grundrechte, in der die Würde und die Rechte des Kindes neben denen der Erwachsenen einen selbstverständlichen Platz einnehmen. Andererseits jedoch hat dieser Perspektivenwechsel nicht zur Folge, tatsächlich bestehende Unterschiede zwischen Erwachsenen und Kindern einfach einzuebnen: Kinder sind keine kleinen Erwachsenen. Aufgrund ihres Alters, aufgrund ihrer sich noch entwickelnden körperlichen und geistigen Fähigkeiten brauchen Kinder ein Recht auf Kindheit, auf einen Schon- und Spielraum, in dem Verantwortlichkeit wachsen und eingeübt werden kann. In dieser Spannung zwischen Gleichheit auf der einen – Kinder sind genauso Menschen – und Differenz auf der anderen Seite – Kinder haben altersbedingte spezifische Bedürfnisse – liegt das besondere Verhältnis zwischen Erwachsenen und Kindern. Das Elternrecht ist daher ausschließlich als pflichtgebundenes, treuhänderisches Recht zu verstehen, das seine Grenze am Wohl des Kindes findet.

**Das Elternrecht ist ein treuhänderisches Recht.**

Das im Grundgesetz Art. 6 Abs. 2 verbürgte Elternrecht ist das einzige Grundrecht, das als fremdnütziges Recht ausschließlich zugunsten eines Dritten, nämlich des Kindes, ausgeübt werden darf. Elternrecht heißt daher vor allem Elternverantwortung. Diese Verantwortung beinhaltet das Recht und die Pflicht der Eltern, „das Kind bei der Ausübung (seiner) anerkannten Rechte in einer seiner Entwicklung entsprechenden Weise angemessen zu leiten und zu führen" (Art. 5 der UN-Kinderrechtskonvention). Eine Orientierung an den Kinderrechten stärkt insofern die Elternverantwortung und bindet diese zugleich an eine verlässliche Werteordnung.
Aus der Subjektstellung des Kindes folgt daher weder, dass sich die Erwachsenen zulasten der Kinder vor der sie treffenden Verantwortung drücken können, noch, dass jeder Wunsch des Kindes Befehl ist. Vielmehr macht es gerade das Entscheidende des Verhältnisses zwischen Erwachsenen und Kindern aus, dass sich im zwischenmenschlich fairen Austausch herausfiltern lässt, welche Interessen Geltung verdienen und welchen Anteil an Verantwortung jeder zu tragen hat.

## Abwägungsgebot bei Kindeswohlentscheidungen

Das Gebot der vorrangigen Berücksichtigung des Kindeswohls bei allen Kinder betreffenden Entscheidungen gemäß Art. 3 Abs. 1 der UN-Kinderrechtskonvention ist in erster Linie als Verfahrensrecht zu verstehen. Das bedeutet, dass in sämtlichen Bereichen, in denen Entscheidungen mit Bezug auf Kinder getroffen werden – unabhängig davon, ob dies zum Beispiel die Kinder- und Jugendhilfe, den Bildungs- oder Gesundheitsbereich, das Baurecht, die Verkehrsplanung oder das Ausländer- und Asylrecht betrifft –, die Entscheidungsverfahren so gestaltet sein müssen, dass das Kindeswohl als ein vorrangiger Gesichtspunkt berücksichtigt wird. Ein solches, den Interessen von Kindern gerecht werdendes Verfahren erfordert zwei Verfahrensschritte:

- In einem ersten Verfahrensschritt muss erwogen werden, welche positiven und negativen Implikationen eine anstehende Entscheidung für ein Kind bzw. für eine Gruppe von Kindern hat. Bei ei-

In manchen Fällen entscheidet das Gericht

ner solchen Beurteilung sind unabhängige ExpertInnen ebenso einzubeziehen wie die betroffenen Kinder selbst bzw. deren VertreterInnen.

- In einem zweiten Verfahrensschritt müssen die auf das Kindeswohl bezogenen Erwägungen vorrangig berücksichtigt werden. Das bedeutet nicht, dass diese Erwägungen in jedem Fall absoluten Vorrang haben müssen, da im Einzelfall auch andere Interessen (trotz des mit Vorrang zu berücksichtigenden Kindeswohls) im Ergebnis höher zu bewerten sein können.

Jede mangelnde Beachtung eines dieser beiden Schritte kommt einer Verletzung des Vorrangprinzips gleich, stellt einen Verfahrensfehler dar und hat zur Folge, dass das Verfahren anfechtbar ist.

## Der Begriff Gefährdung

Gemäß einer Entscheidung des Bundesgerichtshofs wird der Begriff der Gefährdung definiert als „eine gegenwärtige, in einem solchen Maße vorhandene Gefahr, dass sich bei der weiteren Entwicklung eine erhebliche Schädigung mit ziemlicher Sicherheit voraussehen lässt“ (BGH FamRZ 1956, 350).

Den Fachleuten aus Medizin, Psychologie, Pädagogik usw. bleibt überlassen, die in dieser Definition enthaltenen unbestimmten Rechtsbegriffe („erhebliche Schädigung“, „ziemliche Sicherheit“) für die Praxis handhabbar zu machen. Während manche Formen der Gefährdung (wie z. B. eine unzureichende Gesundheitsversorgung) unschwer zu erkennen sind, geht es in anderen Fällen (z. B. wenn ein Kind unter dem Streit der Eltern leidet) um schwierige Einzelfallabwägungen, die nicht frei sein können von subjektiven Urteilen und gesellschaftlichen Wertsetzungen.

# IV. Formen von Kindeswohlgefährdung

Das folgende Kapitel beschreibt die häufigsten Formen von Kindesmisshandlung und zeigt anhand von Fallbeispielen das professionelle Vorgehen der KiTa bei Verdacht auf Gefährdung eines Kindes. Auf diese Weise werden die Forderungen des Schutzauftrags bei Kindeswohlgefährdung für die Praxis handhabbar gemacht.

## Komplexe Mischformen

Gewalt gegen Kinder besteht nur selten in einer einmaligen Handlung, auch wenn schon ein einzelner Vorgang (z. B. das Schütteln eines Säuglings) erhebliche Verletzungen nach sich ziehen kann. Typischerweise ist Kindesmisshandlung ein aus mehreren Elementen zusammengesetztes Syndrom negativer Einwirkungen (Handlungen und Unterlassungen) auf ein Kind. Auch wenn es für eine diagnostische Einordnung sinnvoll ist, verschiedene Formen der Gefährdung bzw. Misshandlung zu unterscheiden, kommen diese in der Praxis selten isoliert vor. Besonders in schweren Fällen sind häufig komplexe Mischformen zu beobachten, die sich gegenseitig überlappen und verstärken. So hat körperliche Gewalt immer auch in seelischer Hinsicht schädigende Folgen für das Kind. Vernachlässigung und sexueller Missbrauch sind sowohl mit körperlichen als auch mit psychischen und psychosomatischen Konsequenzen verbunden. Gerade die Verschränkung der verschiedenen Aspekte macht ihre schädigende Wirkung aus.

## Körperliche Misshandlung

Körperliche Misshandlung umfasst alle Handlungen – vom einzelnen Schlag mit der Hand über Prügeln, Festhalten und Würgen bis hin zum gewaltsamen Angriff mit Riemen, Stöcken oder anderen Gegenständen –, die zu einer nicht-zufälligen körperlichen Verletzung eines Kindes führen, wobei es vor allem zu Blutergüssen, Prellungen, Schädel- und Knochenbrüchen, aber auch zu inneren Verletzungen und zu Verbrennungen, Verbrühungen oder Vergiftungen kommt.

**Fallbeispiel:**
**„Marco böse gewesen“**

Obwohl Marco erst zweieinhalb Jahre alt ist, gehört er schon zu den „auffälligen“ Jungen. Wenn er sich unbeobachtet fühlt, zwickt er manchmal andere Kinder oder nimmt ihnen Spielzeug weg. Seine Erzieherin führt dies auf eine gewisse Anspannung zurück, die sie bei Marcos Vater beobachtet hat. In Gesprächen mit ihm hat sie erfahren, dass vor etwa einem Jahr Marcos Mutter die Familie zusammen mit der gerade einjährigen Schwester verlassen hat und seitdem am anderen Ende der Stadt wohnt. Voller Stolz hatte der Vater erklärt, dass er seinen Sohn sehr liebe und ihn auch allein großziehen könne. Seine Entscheidung, mit Marco zu leben, brachte ihm bei vielen Eltern Respekt ein.
Nach dem verlängerten Pfingstwochenende ist Marco im Kindergarten ungewöhnlich ruhig. Beim Gang der Kinder auf die Toilette entdeckt die Erzieherin auf Marcos Po blau unterlegte Flecken. Obwohl sie ihrer Wahrnehmung zunächst nicht glauben will, ist sie doch sicher, dass die Flecken in ihrer Anordnung einem Handabdruck ähneln. Intuitiv nimmt sie Marco in den Arm: „Was ist dir denn passiert?“, fragt sie ihn und schaut ihm dabei in die Augen. Marco senkt den Kopf und antwortet: „Marco böse gewesen.“

**Informationen zusammentragen**

Ein Kind zu trösten und ihm Schutz zu bieten, wenn es Zeichen einer Misshandlung aufweist, ist eine natürliche und nahe liegende Reaktion. Neben Mitleid und dem Wunsch, dem Kind zu helfen, treten meist weitere Empfindungen hinzu. Zorn und Wut über das Geschehene, aber auch Angst und Hilflosigkeit bis hin zu dem Gefühl von Ohnmacht. Schließlich die drängende Frage nach dem Schuldigen, verbunden mit Vorwürfen: „Wer hat dem Kind das angetan? Hier kommt doch nur Marcos Vater in Frage!“
Da in einer solchen Situation durch blinden Aktionismus weiterer Schaden zugefügt werden kann, und jede Intervention mit gravierenden Folgen für Kind und Eltern verbunden ist, sind ruhige Überlegung und kollegialer Austausch unbedingt notwendig. Eine Grundregel für den Umgang mit Kindesmisshandlung lautet daher: Niemals allein und überstürzt handeln!
Im Fall von Marco sollte die Erzieherin schnell – das heißt, möglichst noch am selben Tag – das Gespräch mit der Leiterin und den Kolleginnen suchen. In diesem Gespräch sollten die Beobachtungen von mehreren Seiten zusammengetragen werden. Es kann eine erste Einschätzung der Situation erfolgen. Im Fallbeispiel könnte das kollegiale Gespräch zum Beispiel ergeben, dass zum ersten Mal seitens

**Wichtigste Regel: Niemals allein und überstürzt handeln!**

des Kindergartens Zeichen von körperlicher Misshandlung bei Marco festgestellt wurden.
Sämtliche Beobachtungen sollten schriftlich dokumentiert und mit Ort, Zeit und Namen der Beobachtenden gekennzeichnet werden.

**Eine insofern erfahrene Fachkraft hinzuziehen**

Es ist glücklicherweise nicht alltäglich, dass ein Kind mit blauen Flecken oder anderen Spuren körperlicher Gewalt in den Kindergarten kommt. Insofern kann auch nicht erwartet werden, dass pädagogische Fachkräfte mit solchen Situationen in jedem Fall professionell umgehen können. Der Gesetzgeber hat daher in § 8a Abs. 2 SGB VIII Kindertageseinrichtungen – ebenso wie andere Einrichtungen und Dienste der Kinder- und Jugendhilfe – verpflichtet, im Falle der Feststellung gewichtiger Anhaltspunkte für eine Kindeswohlgefährdung eine „insofern erfahrene Fachkraft" beratend hinzuzuziehen. Diese Fachkraft kann vom Träger der Einrichtung gestellt werden oder von außerhalb kommen. Sie ist ausschließlich beratend tätig und unterstützt die Leitung und das Team bei der Abschätzung des Gefährdungsrisikos für das Kind und bei der Planung des weiteren Vorgehens.

**In vielen Fällen können Eltern erfolgreich für Hilfen motiviert werden.**

**Die Risiken für das Kind einschätzen**

Bei der Risikoabschätzung spielen Art und Umfang der Schädigung eine große Rolle. Im Fall einer körperlichen Misshandlung gehören hierzu Schwere und Charakter der Verletzung sowie die sich daraus ergebenden Folgen für das Kind. Weiterhin muss vor dem Hintergrund der Familiensituation die Wahrscheinlichkeit erneuter Misshandlungen (Wiederholungsgefahr) beurteilt werden. Schließlich ist die Frage zu beantworten, inwieweit die Eltern vermutlich bereit und in der Lage sein werden, geeignete Hilfen zu akzeptieren. Bei der Klärung dieser Fragen können sich das Erfahrungswissen der Erzieherinnen und die Professionalität der insofern erfahrenen Fachkraft auf gute Weise ergänzen. Sämtliche Ergebnisse der Risikoabschätzung sollten sorgfältig dokumentiert werden, sodass die Vorgehensweise später nachvollziehbar bleibt.
Im Fallbeispiel wurden im Kindergarten erstmals Zeichen einer Misshandlung bei Marco festgestellt. Es kann daher davon ausgegangen werden, dass er nicht regelmäßig körperlicher Gewalt ausgesetzt ist. Zu vermuten ist, dass eine Überforderungssituation am Wochenende zu dem Übergriff geführt hat – wahrscheinlich (aber nicht sicher) von Seiten des Vaters. Möglicherweise spielen weitere Faktoren wie die vorangegangene Trennung der Eltern oder Belastungen im Leben des Vaters eine Rolle. Sofern sich an den ursächlichen Bedingungen nichts ändert, ist damit zu rechnen, dass Überforderungssituationen wie die am Pfingstwochenende erneut auftreten werden. Die Bereitschaft des Vaters zum Gespräch über die Situation kann aufgrund des bisherigen guten Kontakts zum Kindergarten positiv eingeschätzt werden. Es ist daher anzunehmen, dass Hilfen möglich sind und vom Vater akzeptiert werden können.

**Eltern für Hilfen motivieren**

In vielen Fällen können Eltern erfolgreich für Hilfen motiviert werden. Der Kindergarten ist als niederschwellige, den Eltern vertraute Einrichtung hierfür besonders gut geeignet. Ihm kommt eine wichtige Lotsenfunktion zu, um Eltern den Zugang zu geeigneten Hilfsangeboten zu eröffnen. Neben der Anbahnung von Hilfen gehört es zu den Aufgaben der Kindertageseinrichtung, festzustellen, ob die von den Eltern angenommenen Hilfen ausreichend erscheinen, um eine weitere Gefährdung des Kindes zu vermeiden.
In Marcos Fall sollte der Vater zeitnah (nicht später als wenige Tage nach dem Vorfall) um ein Gespräch im Kindergarten gebeten werden. Das Gespräch sollte von der Leitung gemeinsam mit der für das Kind zuständigen Erzieherin geführt werden, in einem vor Störungen geschützten Raum der Einrichtung stattfinden und nicht länger als eine Stunde dauern. Marco sollte während der Zeit des Gesprächs in einer Gruppe des Kindergartens betreut werden können. Die Leiterin sollte

das Gespräch eröffnen und sich beim Vater für dessen Bereitschaft zur Teilnahme bedanken. Anschließend sollte sie ihm mitteilen, dass sich die Fachkräfte aufgrund eines Vorfalls Sorgen um Marcos Entwicklung machen, und dann die Erzieherin bitten, ihre Beobachtungen (blaue Flecken auf dem Po und Marcos Reaktion auf ihre Nachfrage) zu schildern. Daraufhin sollte der Vater gebeten werden, seine Sicht der Situation zu erläutern. Für die Gesprächsführung ist wichtig, die Misshandlung nicht isoliert zu betrachten, sondern in den Kontext des Pfingstwochenendes und der Familiensituation insgesamt einzubetten, um sie dadurch besser nachvollziehbar zu machen, ohne sie allerdings zu entschuldigen. Am Ende der Schilderungen des Vaters sollte die Leiterin ihn bitten darzustellen, wie es zu den blauen Flecken bei seinem Sohn gekommen ist.
Nun ist der Vater möglicherweise in der Lage, Verantwortung für sein „Ausrasten“ am Wochenende zu übernehmen. Er könnte darstellen, wie sehr Marco ihn am Sonntag nach einer kurzen Nacht gereizt habe. Dass sein Sohn ihn schon um sechs Uhr weckte, um „spazieren zu gehen“, und dass er wenig später am Kabel des Rasierapparats zog, worauf dieser herunterfiel und kaputtging. Und dass er selbst dann völlig außer sich geraten sei: „Ich habe mir nicht mehr zu helfen gewusst. Und dann habe ich ihm den Po versohlt.“

Vielleicht beteuert der Vater, dass dies ein einmaliger Vorfall gewesen sei und ihm sein Verhalten leid tue. Dennoch sollte die Leiterin darauf hinweisen, dass solche zugespitzten Konflikte auch in Zukunft wieder zu erwarten sind und es daher darum gehen muss, an den Ursachen etwas zu verändern. Sie sollte dem Vater deutlich machen, dass er nach dem Kinder- und Jugendhilfegesetz einen Anspruch auf Hilfe hat und der Kindergarten im Interesse Marcos Wert darauf legen muss, dass diese Hilfe auch gesucht wird. Welche Hilfe in diesem Fall geeignet und notwendig ist, kann eventuell in einem zweiten Gespräch, mit Zustimmung des Vaters auch unter Hinzuziehung einer Fachkraft (z. B. aus einer Erziehungsberatungsstelle oder dem Jugendamt), beurteilt werden.

## Vernachlässigung

Kindesvernachlässigung ist die andauernde oder wiederholte Unterlassung fürsorglichen Handelns durch sorgeverantwortliche Personen (Eltern oder andere von ihnen autorisierte Betreuungspersonen), welches zur Sicherstellung der seelischen und körperlichen Versorgung des Kindes notwendig wäre. Diese Unterlassung kann bewusst oder unbewusst, aufgrund unzureichender Einsicht oder unzureichenden Wissens erfolgen. Die Vernachlässigung kann sich neben der mangelnden Befriedigung körperlicher Bedürfnisse (z. B. nach Nahrung, Bekleidung, Unterkunft, Sicherheit) auf den emotionalen Austausch, die allgemeine Anregung, die Sprache und/oder auf die Gesundheitsfürsorge und Beaufsichtigung des Kindes beziehen.

**Fallbeispiel: „Mama hat wieder verschlafen“**
Tanja ist fünf Jahre alt. Sie wird morgens zu sehr unterschiedlichen Zeiten in die KiTa gebracht. Manchmal steht sie schon kurz vor acht Uhr an der Tür, an anderen Tagen kommt sie erst nach zehn. „Mama hat wieder verschlafen“, erzählt sie dann in ihrer Gruppe. An den Nachmittagen wird sie fast immer als letztes Kind abgeholt. Mehrmals musste eine Erzieherin nach Dienstschluss mit ihr in der KiTa auf die Mutter warten. Das Erzieherinnen-Team macht sich schon seit längerer Zeit Sorgen um Tanja, weil sie für ihr Alter sehr schlecht spricht. Im letzten Entwicklungsgespräch wurde mit ihrer alleinerziehenden Mutter auch über ungesunde Ernährung und mangelnde Mundhygiene gesprochen. Aber wirklich geändert hat sich seitdem nichts. Beim Sommerfest fällt der Leiterin auf, dass Tanja ihrer Mutter Kaffee und Kuchen bringt. Nachdem die Mutter versorgt ist, flüchtet sie sich auf den Schoß ihrer Bezugserzieherin, kuschelt sich bei ihr ein und steckt den Daumen in den Mund. Die Leiterin nimmt sich daraufhin vor, bei der nächsten Teamsitzung unbedingt über Tanja zu sprechen.

**Bei Vernachlässigung ist häufig eine Kombination unterschiedlicher Hilfen sinnvoll.**

**Informationen zusammentragen**
Die Vermutung, dass ein Kind vernachlässigt wird, beginnt oft mit einem unguten Gefühl: „Es kann doch kein Zufall sein, dass das Kind ständig müde ist, häufig schon am Morgen großen Hunger hat, meist ungewaschene Kleidung trägt und unangenehm riecht...". Ob tatsächlich von Vernachlässigung gesprochen werden muss, kann am besten in einem Teamgespräch geklärt werden, in dem alle verfügbaren Informationen zusammengetragen werden. Folgende Fragen sollten beantwortet werden:

**Im Teamgespräch werden alle Informationen zusammengetragen.**

- Wie häufig tritt die unzureichende Versorgung auf?
- Stehen körperliche oder seelische Mangelerscheinungen (Deprivationen) im Vordergrund?
- Geht es lediglich um Unzulänglichkeiten in einem Bereich – was ein Kind eher verkraften kann – oder ist die gesamte Versorgung betroffen?
- Wie äußert sich das Kind selbst in der Situation?
- Erkennen die Eltern bestehende Mängel und worin sehen sie die Ursachen?

Im Fall von Tanja wird deutlich, dass die Mutter nur schlecht für einen geregelten Tagesablauf ihrer Tochter sorgen kann. Es gibt Anzeichen für ungesunde häusliche Ernährung und mangelnde Mundhygiene. Obwohl darauf angesprochen, konnte die Mutter bisher keine Veränderungen herbeiführen. Auch die Beobachtungen der Leiterin beim Sommerfest, bei dem Tanja für ihre Mutter die Versorgerrolle übernahm (Rollenumkehr) und sich anschließend intensive Zuwendung bei ihrer Bezugserzieherin holte, wobei sie ein regressives Verhalten zeigte (Daumennuckeln), geben Anlass zur Sorge.
Alle Beobachtungen sollten schriftlich dokumentiert und über einen gewissen Zeitraum (z. B. einen Monat) hinweg systematisch ergänzt werden.

**Die Risiken für das Kind einschätzen**
Die Kindertageseinrichtung (Leiterin und zuständige Erzieherin bzw. Team) und eine insofern erfahrene Fachkraft gemäß § 8a Abs. 2 SGB VIII (vgl. Kapitel „Körperliche Misshandlung") nehmen gemeinsam eine Abschätzung des Gefährdungsrisikos für das Kind vor. Im Fall einer Vernachlässigung sind hierfür Ausmaß und Schweregrad der Mängel – bezogen auf die verschiedenen Versorgungsbereiche (u. a. Ernährung, Gesundheitsfürsorge und Hygiene, Beaufsichtigung, geregelter Tagesablauf, Ruhe und Erholung, seelische Zuwendung und Bindungsangebot, Anregung und Spiel) – und die erkennbaren Folgen für das Kind entscheidend. Wichtig ist auch der Verlauf der beunruhigenden Entwicklung, das heißt die Frage, wann die Mängel begonnen haben, ob sie vorübergehender Art oder chronisch sind usw. Auch die Frage, inwieweit die Eltern voraussichtlich bereit und in der Lage sind, geeignete Hilfen zu akzeptieren, muss erörtert werden. Sämtliche Ergebnisse der Risikoabschätzung sind schriftlich festzuhalten.

**Eltern für Hilfen motivieren**
Bei Vernachlässigung ist häufig eine Kombination unterschiedlicher Hilfen sinnvoll. Hilfen, die sich auf das Kind beziehen (z. B. Förderung im sprachlichen, sozialen oder kognitiven Bereich), können ebenso notwendig sein wie Entlastung und Unterstützung der Eltern (z. B. durch zusätzliche Betreuung des Kindes oder sozialpädagogische Familienhilfe). In schweren Fällen kommen auch regelmäßige Kontrollen (z. B. Vorstellung des Kindes in kurzen Abständen beim Kinder-

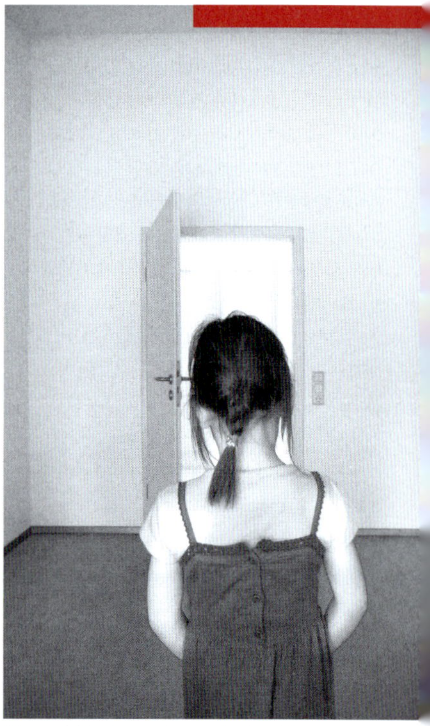

Vernachlässigung hat viele Gesichter

arzt) oder eine Unterbringung des Kindes in einer Pflegefamilie oder Heimgruppe in Betracht. Auf die meisten Hilfen haben Eltern nach SGB VIII Anspruch. Welche Hilfe im Einzelfall geeignet und notwendig ist, kann am besten in einem sogenannten Hilfeplangespräch mit dem Jugendamt geklärt werden. Es gehört zu den Aufgaben der Kindertageseinrichtung, die Eltern zu einem solchen Gespräch zu motivieren und im weiteren Verlauf zu beobachten, ob die vereinbarten Hilfen ausreichen, um die Gefährdung des Kindes zu beenden.
In Tanjas Fall sollte die Mutter nach einer Zeit systematischer Beobachtung des Kindes durch die Erzieherinnen zu einem außerplanmäßigen Entwicklungsgespräch eingeladen werden. In diesem Gespräch, an dem Leiterin und Bezugserzieherin teilnehmen, sollte es um Tanjas Entwicklung gehen sowie um die Besorgnis, die in diesem Zusammenhang bei den pädagogischen Fachkräften entstanden ist. Ziel des Gesprächs, das von der Leiterin moderiert wird, ist, der Mutter die Sorge der Fachkräfte um Tanja zu vermitteln und mit ihr gemeinsam zu überlegen, auf welche Weise Veränderungen erzielt werden können.
Für den Verlauf des Gesprächs ist es günstig, wenn der Mutter zu Beginn Gelegenheit gegeben wird, ihre Sicht der Situation zu schildern.
Zur Unterstützung kann die Leiterin das Gespräch entlang der verschiedenen Entwicklungsbereiche (körperlich, seelisch, sozial, kognitiv) strukturieren und gegebenenfalls nachfragen. Ausdrücklich sollten die aus Sicht der Mutter positiven Veränderungen, aber auch die problematischen Entwicklungen erfragt werden. Anschließend erläutert die Bezugserzieherin die Beobachtungen des Teams. In einem zweiten Teil des Gesprächs sollte zusammen mit der Mutter aufgelistet werden, in welchen Punkten sie selbst Veränderungen herbeiführen kann, wo die KiTa Unterstützung anbietet und in welchen Bereichen zusätzliche Hilfen notwendig erscheinen. Auch offene, nicht einvernehmliche Punkte sollten festgehalten werden.
Schließlich muss das weitere Vorgehen vereinbart werden. Hierzu gehören Absprachen darüber, in welchen zeitlichen Abständen Bilanz gezogen wird, auf welche Weise zusätzliche Hilfen in Anspruch genommen und wie die offen gebliebenen Fragen geklärt werden. Zu den beiden letzten Punkten kann zum Beispiel gehören, einen Termin in der Erziehungsberatungsstelle zu vereinbaren oder das Gespräch mit dem Jugendamt zu suchen. Da gerade vernachlässigende Eltern häufig ihr eigenes Handeln nicht ausreichend gut organisieren können, sollte bei Bedarf angeboten werden, bei der Kontaktaufnahme mit anderen Einrichtungen und/oder Diensten behilflich zu sein (z. B. mit Zustimmung der Mutter eine/n Mitarbeiter/in des Jugendamts zum Gespräch in die KiTa zu bitten). Die Ergebnisse sämtlicher Gespräche sind sorgfältig zu dokumentieren.

## Seelische Misshandlung

Psychische Gewalt ist die wohl häufigste Form von Kindesmisshandlung. Zugleich ist sie nur schwer zu definieren. Sicher ist, dass jede körperliche Misshandlung oder Vernachlässigung auch die Seele des Kindes schädigt. Seelische Verletzungen spielen daher bei allen Formen der Gewalt gegen Kinder eine zentrale Rolle. Während körperliche Verletzungen in den meisten Fällen heilen, wirken seelische Wunden oft ein Leben lang nach.

**Psychische Gewalt ist die häufigste Form von Kindesmisshandlung.**

Seelische Misshandlung bezeichnet grob ungeeignete und unzureichende, altersunangemessene Handlungen, Haltungen und Beziehungsformen von Sorgeberechtigten gegenüber Kindern. Dies kann sich in Form von Ablehnung, Überforderung, Herabsetzung und Geringschätzung, Ängstigung und Terrorisierung, Isolierung, Korrumpierung, Ausbeutung und Verweigerung von emotionaler Zuwendung und Unterstützung äußern. Dadurch wird das Bestreben eines Kindes, seine emotionalen, kognitiven und moralischen Entwicklungsbedürfnisse zu befriedigen, in einem Maße eingeschränkt und frustriert, dass seine gesamte Persönlichkeitsentwicklung beeinträchtigt und geschädigt wird. Seelische Misshandlung kann aktiv erfolgen, wie im Fall verächtlicher Zurückweisung, oder passiv, wenn ein Kind zum Beispiel beständig ignoriert wird. Sie kann als akutes Geschehen auftreten (z. B. als Drohung gegenüber dem Kind) oder als chronisches Interaktionsmuster (z. B. emotionale Unnahbarkeit eines Elternteils). Seelische Misshandlung kann sich als leicht erkennbarer, extremer Verhaltensakt zeigen (z. B. als verbale Attacke) oder subtile Formen annehmen (z. B. wenn die Zuneigung eines Kindes zum anderen, getrennt lebenden Elternteil missbilligt wird). In allen Fällen psychischer Gewalt geht es um ein wiederholtes oder dauerhaftes Verhaltensmuster, durch das dem Kind zu verstehen gegeben wird, es sei wertlos, ungewollt oder ungeliebt, mit schweren Fehlern behaftet oder nur dazu da, die Bedürfnisse eines anderen Menschen zu erfüllen.

**Seelische Verletzungen spielen bei allen Formen von Gewalt eine zentrale Rolle.**

Eine besondere Form seelischer Gewalt besteht darin, das Kind in unlösbare Loyalitätskonflikte zu drängen oder mit ihm eine sogenannte Doppelbindung (double bind) einzugehen. Loyalitätskonflikte können im Zusammenhang mit einer besonders konflikthaften Trennung oder Scheidung der Eltern entstehen. Manche Eltern sind nach Auflösung der Partnerschaft nicht in der Lage, ihre Elternverantwortung weiterhin gemeinsam wahrzunehmen, und fordern vom Kind, sich gegen den anderen Elternteil zu stellen. Der verständliche Wunsch des Kindes, seine Verbundenheit mit beiden Eltern aufrechtzuerhalten, wird auf diese Weise untergraben (vgl. auch Kapitel „Hoch konflikthafte Trennung der Eltern").

Im Fall einer Doppelbindung bezieht sich der Loyalitätskonflikt auf ein und dieselbe Person, die an das Kind widersprüchliche Erwartungen heranträgt und es so in eine nicht lösbare Konfliktsituation bringt. Ein Beispiel dafür ist, wenn ein Elternteil auf Distanz zum Kind geht und zugleich seine Nähe einfordert („Komm her – geh weg").

**Fallbeispiel: „Dann bring ihn doch ins Heim!"**

Oliver ist vor kurzem sechs geworden und die Erzieherinnen fragen sich, wie er wohl den bevorstehenden Übergang in die Schule bewältigen wird. Er kann sich nur schwer konzentrieren und seine feinmotorischen Fähigkeiten sind wenig entwickelt. Oft wirkt er abwesend und desinteressiert. In seiner Gruppe läuft er häufig ziellos herum, spielt allenfalls mit deutlich jüngeren Kindern, denen er immer wieder seinen Willen aufzudrängen versucht.

Einige Wochen vor der Sommerpause werden die Erzieherinnen kurz nach dem Mittagessen durch laute Schreie aus dem Waschraum alarmiert. Hinzugeeilt stellen sie fest, dass sich Oliver gegen eine Toilettentür lehnt und so verhindert, dass ein dreijähriger Junge die Toilette verlässt. Als die Fachkräfte Oliver zur Rede stellen, fängt der sonst eher „coole" Junge plötzlich an zu schluchzen: „Mein Stiefvater hat gesagt, dass ich ins Heim muss", platzt es aus ihm heraus.

Nur wenige Tage nach dem Vorfall findet ein seitens des Kindergartens dringlich anberaumtes Gespräch mit der Mutter und dem Stiefvater des Jungen statt. Das Gespräch macht die dramatische Situation in der Familie deutlich: Das Verhältnis zwischen Oliver und seinem Stiefvater ist von gegenseitiger Ablehnung geprägt. Neuerdings stellt sich auch die Mutter immer mehr gegen ihren Sohn, da seine Wutanfälle sie an ihren früheren Mann erinnern, den Vater von Oliver, von dem sie sich vor einigen Jahren getrennt hat. Beide, Mutter und Stiefvater, bevorzugen die gemeinsame Tochter, die vor eineinhalb Jahren zur Welt kam. Die Mutter berichtet, dass Oliver von seinem Stiefvater häufig regelrecht niedergebrüllt werde. Als der Streit wieder einmal eskalierte, habe er ihr zugerufen: „Dann bring ihn doch ins Heim!" Im Laufe des Gesprächs stellt sich heraus, dass der Stiefvater als Kind selbst einige Jahre im Heim gelebt hat.

**Das Verhalten des Kindes verstehen**

Kinder, die von den Personen, die ihnen am nächsten stehen und eigentlich für sie da sein sollten, abgelehnt werden, sind in ihrer gesamten Entwicklung gefährdet. Der vertraute Ort ihres Zuhauses bietet keine sichere Perspektive (mehr). Die damit verbundene Orientierungslosigkeit kann dazu führen, dass sie ihre Verzweiflung aggressiv gegen andere Kinder richten oder als Selbstverletzung gegen sich selbst. Oder aber die Hilflosigkeit äußert sich in tiefer Niedergeschlagenheit, die bis zur Suizidgefährdung reichen kann und manchmal durch hektische Aktivitäten überdeckt wird.

Im Fallbeispiel bringt Oliver ein anderes Kind in eine ähnliche Zwangslage wie die, in der er sich selbst befindet. Selbstverständlich darf sein Verhalten nicht akzeptiert werden. Zugleich ist es jedoch als Signal zu verstehen, mit dem er auf die eigene verzweifelte Lage hinweist, aus der er sich nicht ohne fremde Hilfe befreien kann. Oliver ist zu Hause immer mehr in eine Außenseiterposition geraten, die ihn zur „unerwünschten Person" macht: Der Stiefvater lehnt ihn ab, die Mutter schlägt sich auf die Seite ihres neuen Partners und stellt sich damit ebenfalls gegen Oliver, beide ziehen die gemeinsame Tochter ihm gegenüber deutlich vor. Die im Streit gefallene Äußerung des Stiefvaters („Dann bring ihn doch ins Heim!") drückt aus, was sich als latente Stimmung seit längerem angebahnt hat.

**Informationen zusammentragen**

Bereits im Vorfeld des ersten Elterngesprächs wurden in einem Teamgespräch sämtliche Informationen zusammengetragen. Hierzu gehören sowohl Verhaltensbeobachtungen beim Kind als auch Verlauf und Ergebnisse früherer Gespräche mit den Eltern. Um ein Gesamtbild zu erhalten, sollten auch weiter zurückliegende Beobachtungen miteinbezogen werden. Sämtliche Informationen sind schriftlich zu dokumentieren und sollten mit Ort, Zeit und Namen der Beobachtenden gekennzeichnet werden.

**Die Risiken für das Kind einschätzen**

Gemeinsam mit einer insofern erfahrenen Fachkraft (vgl. Kapitel „Körperliche Misshandlung") nimmt die Kindertageseinrichtung eine Risikoabschätzung vor. Im Fall einer psychischen Misshandlung spielen das Ausmaß der seelischen Verletzung und die Folgen für das Kind die entscheidende Rolle, aber auch eventuell vorhandene protektive (schützende) Faktoren sind zu berücksichtigen. Weiterhin muss vor dem Hintergrund der Familiensituation beurteilt werden, welche weitere Entwicklung wahrscheinlich ist (prognostische Aussage) und welche Hilfen geeignet erscheinen, eine Gefährdung des Kindes zukünftig zu verhindern.

In Olivers Fall kann davon ausgegangen werden, dass der Junge bereits seit einiger Zeit von den Eltern abgelehnt wird und dass sich an seiner bedrohten Position in der Familie ohne Hilfe von außen nichts ändern wird. Möglicherweise spielen für ein Verständnis der Situation weitere Faktoren wie das noch immer angespannte Verhältnis der Mutter zu ihrem Ex-Mann (Olivers Vater) und die Heim-Erfahrung des Stiefvaters eine Rolle. Die Bereitschaft der Eltern, Hilfen anzunehmen, kann nach dem ersten Gespräch positiv eingeschätzt werden. Entsprechende Hilfen sollten sich zunächst darauf konzentrieren, die in der Familie vorhandenen Konflikte zu thematisieren, zum Beispiel im Rahmen einer Erziehungs- oder Familienberatung. Im weiteren Verlauf ist zu klären, ob innerfamiliäre Lösungen möglich sind und sich das Verhältnis zwischen Oliver und seinen Eltern – insbesondere dem Stiefvater – entspannt, oder ob die Familie in dieser Form nicht weiter zusammenleben kann, und welche Lösung in diesem Fall denkbar wäre. In die Erörterung dieser Fragen sollte auch Olivers leiblicher Vater einbezogen werden.

**Eltern für Hilfen motivieren**

Nach Abschluss der Beratung mit der insofern erfahrenen Fachkraft sollte ein zweites Gespräch mit den Eltern (Mutter und Stiefvater) vereinbart werden, an dem die Leiterin und die zuständige Erzieherin teilnehmen. Die Leiterin könnte das Gespräch wie folgt eröffnen: „In unserem letzten gemeinsamen Gespräch haben wir von den Konflikten in Ihrer Familie erfahren, die für Sie die Frage aufwerfen, ob Sie weiterhin mit Oliver zusammenleben wollen und können. Diese Situation hat dazu geführt, dass Oliver sich im Kindergarten häufig unglücklich fühlt und dies durch sein Verhalten ausdrückt. Das bereitet uns Sorgen. Wir möchten Sie bitten, mit uns zu überlegen, welcher Lösungsweg in dieser Situation der beste ist."

**Auch die Eltern sollten ihre Sicht der Situation schildern.**

Daraufhin könnte Olivers Erzieherin berichten, wie sich der Junge in der Gruppe verhält und wie dieses Verhalten ihrer Meinung nach zu verstehen ist. Anschließend sollte die Leiterin die Mutter und den Stiefvater bitten, ihre jeweilige Sicht der Situation zu schildern und darzustellen, welche Lösungen sie anstreben. Ein nächster Schritt besteht darin, aufzulisten, in welchen Punkten die Eltern selbst Veränderungen herbeiführen können, wo der Kindergarten Unterstützung anbietet und in welchen Bereichen zusätzliche Hilfen notwendig sind. Schließlich wird das weitere Vorgehen vereinbart: In welchen zeitlichen

Abständen wird Bilanz gezogen? Auf welche Weise werden zusätzliche Hilfen in Anspruch genommen? Wie werden eventuell offen gebliebene Fragen geklärt? (vgl. auch Kapitel „Vernachlässigung"). Die Ergebnisse des Gesprächs sind sorgfältig zu dokumentieren.

## Sexueller Missbrauch

Sexueller Missbrauch ist eine die geltenden Generationsschranken überschreitende sexuelle Aktivität eines Erwachsenen oder Jugendlichen mit Minderjährigen in Form von Belästigung, Masturbation, oralem, analem oder genitalem Verkehr oder sexueller Nötigung bzw. Vergewaltigung sowie sexueller Ausbeutung durch Nötigen von Minderjährigen zu pornografischen Aktivitäten und Prostitution. Durch den Missbrauch werden die körperliche und seelische Entwicklung, die Unversehrtheit und Autonomie sowie die sexuelle Selbstbestimmung der Minderjährigen gefährdet und beeinträchtigt und ihre Gesamtpersönlichkeit nachhaltig gestört. Die Täter nutzen ihre Macht- bzw. Autoritätsposition und die Abhängigkeit des Kindes aus und ignorieren dessen Grenzen. Sexueller Missbrauch ist oft mit seelischer Misshandlung (z. B. Erpressung) und in schweren Fällen häufig mit Vernachlässigung verknüpft. In etwa 80 Prozent der Fälle werden Missbrauchshandlungen an Kindern durch männliche Täter begangen. Rund ein Drittel aller Fälle geht auf das Konto jugendlicher Täter. Wird der Missbrauch von einem noch nicht strafmündigen Kind begangen, spricht man von sexuellen Übergriffen.

**Die Täter nutzen ihre Machtposition und die Abhängigkeit des Kindes aus.**

Die Schwere des Traumas sexueller Misshandlung ist abhängig vom Alter der Betroffenen bei Beginn des Missbrauchs und von dessen Dauer, Häufigkeit und Intensität sowie von der emotionalen Beziehung zwischen Täter und Opfer. Generell gilt, dass chronische gewaltsame Missbrauchserfahrungen zu weitaus schwereren Schädigungen führen als beispielsweise verbale Entgleisungen (sexuelle „Anmache") oder exhibitionistische und voyeuristische Vorgänge.

**Fallbeispiel: „Mir tut das weh!"**

Janina ist gerade fünf Jahre alt. Als Zweijährige ist sie zusammen mit ihrer Mutter und einer älteren Schwester aus Russland nach Deutschland gekommen. Seit die Familie im vergangenen Sommer aus dem Übergangswohnheim für Aussiedler in eine eigene Wohnung ziehen konnte, geht Janina erstmals in den Kindergarten, der mitten in einem sozialen Brennpunkt liegt. Eine Sozialarbeiterin hatte den Besuch der Tageseinrichtung dringend empfohlen, um Janinas Startchancen in der Schule zu verbessern. Beim Aufnahmegespräch berichtete die Mutter, dass sie seit Kurzem mit einem neuen Mann zusammenlebe, der zwei jugendliche Söhne in die Partnerschaft eingebracht habe. Zwar sei es in der Wohnung mit sechs Personen sehr beengt, aber die neue Liebe lasse sie so manche Schwierigkeit im Alltag vergessen. Im Kindergarten sucht Janina von Anfang an intensiven Kontakt zu ihrer Bezugserzieherin. Vor allem sprachlich, aber auch in puncto soziale Kontakte macht sie schnell große Fortschritte. Seit etwa einem Monat jedoch klagt sie wiederholt über heftige Kopf- und Bauchschmerzen. Eine Erklärung dafür ist zunächst nicht zu finden. Eines Nachmittags vertraut sie sich ihrer Erzieherin an: Wenn die Mutter und ihr Freund abends weggingen, dann halte ihr großer Stiefbruder Timo sie manchmal fest und zwinge sie, sich auf seinen Schoß zu setzen. „Dann drückt er mich und ruckelt so komisch. Mir tut das weh!", erzählt sie und schmiegt sich dabei eng an die Erzieherin.

Sexueller Missbrauch traumatisiert

# Ihr ,kindergarten heute' - Abonnement

kindergarten heute ist die meistgelesene Fachzeitschrift für ErzieherInnen. Sie bietet Ihnen Praxiswissen und konkrete Anregungen für die tägliche Bildungsarbeit; ein regelmäßiges Dossier: Kinder unter 3; berufsrelevante Nachrichten und Infos zu Fachveranstaltungen bundesweit sowie Stellenangebote und -gesuche

○ **Ja,** ich möchte kindergarten heute ab sofort regelmäßig lesen. Senden Sie mir die Zeitschrift zehnmal im Jahr direkt nach Hause. kindergarten heute kostet im Abonnement € 48,00 jährlich (für Auszubildende € 32,00 ) zzgl. € 7,80 Porto.

Preise gültig bis 31.12.10 KGABOSP

Kein Risiko! Das Abonnement ist jederzeit kündbar. Das Geld für nicht gelieferte Ausgaben wird Ihnen zurück erstattet.

Vor- und Zuname

Straße

PLZ/Ort

(Auszubildende: Ausbildung endet ca. ______ )

❐ Ich wünsche Bankeinzug.

Konto-Nr. Bankleitzahl

Bankinstitut

❐ Ich überweise nach Erhalt der Rechnung.

Datum ✗ Unterschrift

# Hier abonnieren Sie ,das leitungsheft'

das leitungsheft liefert Ihnen fundiertes Fachwissen und Methoden speziell für Leitungsaufgaben im Hinblick auf Ihre Eigenprofilierung, Teamprofilierung, Einrichtungsprofilierung, Träger- und Elternzusammenarbeit.

○ **Ja,** ich möchte ,das leitungsheft' (4 Ausgaben im Jahr) zum Normalpreis von € 37,00 abonnieren (zzgl. € 3,00 Versandkosten). KLNPSP

○ **Ja,** ich bin AbonnentIn von ,kindergarten heute' und möchte ,das leitungsheft' (4 Ausgaben im Jahr) zum Vorzugspreis von nur € 29,00 abonnieren (zzgl. € 3,00 Versandkosten). KLVPSP

Kein Risiko! Das Abonnement ist jederzeit kündbar. Das Geld für nicht gelieferte Ausgaben wird Ihnen zurück erstattet.

Preise gültig bis 31.12.10

Vor- und Zuname

Straße

PLZ/Ort

(Auszubildende: Ausbildung endet ca. ______ )

❐ Ich wünsche Bankeinzug.

Konto-Nr. Bankleitzahl

Bankinstitut

❐ Ich überweise nach Erhalt der Rechnung.

Datum ✗ Unterschrift

# Hier bestellen Sie Ihre Fachliteratur

| Expl. | Bestellnr. | Kurztitel | Preis |
|---|---|---|---|
| | | | |
| | | | |
| | | | |
| | | | |
| | | | |
| | | | |

**Bleiben Sie auf dem Laufenden!**
**Praxisnahe und konkrete Unterstützung für Ihre praktische Bildungsarbeit.**

Bitte mit € 0,45 frankieren, falls Marke zur Hand

Antwort

Verlag Herder
KundenServiceCenter

79080 Freiburg

---

**Hält Sie fit für alle Leitungsaufgaben!**
**Wirksame Unterstützung bei Eigen-, Team- und Einrichtungsprofilierung.**

Bitte mit € 0,45 frankieren, falls Marke zur Hand

Antwort

Verlag Herder
KundenServiceCenter

79080 Freiburg

---

## Absender:

Vor- und Zuname

Straße

PLZ/Ort

Telefon E-Mail

Datum Unterschrift

Bitte mit € 0,45 frankieren, falls Marke zur Hand

Antwort

HerderShop24
Postfach 100 154

79120 Freiburg

## kindergarten heute *spezial* – Fachwissen kompakt

**Ja,** senden Sie mir bitte zum Preis von jeweils € 9,95 (zzgl. Porto)

_____ Ex. **Kindeswohlgefährdung** (4001145)

_____ Ex. **Feinfühligkeit** (4001095)

_____ Ex. **Sozial-emotionale Entwicklung** (4001103)

_____ Ex. **Kinder beobachten und Ihre Entwicklung dokumentieren** (4000923)

_____ Ex. **Pädagogische Handlungskonzepte** (4001079)

_____ Ex. **Kinder unter 3** (4001061)

_____ Ex. **Entwicklungspsychologische Grundlagen** (4000998)

_____ Ex. **Wahrnehmungsstörungen** (4000915)

_____ Ex. **Auffälliges Verhalten** (4001087)

Ab 5 Exemplaren einer Ausgabe gelten unsere günstigen Mengenpreise. Rufen Sie uns einfach an: 0761 / 2717 474.
(Irrtum oder Änderung vorberhalten)

Meine Adresse:

Vor- und Zuname

Straße

PLZ/Ort

Telefon E-Mail

Datum ✗ Unterschrift

## kindergarten heute *spot* – Wissen, wie's geht!

**Ja**, senden Sie mir bitte zum Preis von jeweils € 8,90 (zzgl. Porto)

_____ Ex. **Kreatives Gestalten** (4003943)

_____ Ex. **Partizipation** (4003935)

_____ Ex. **Kleinstkinder** (4003919)

_____ Ex. **Schulkinder betreuen** (4003927)

_____ Ex. **Lernwerkstatt** (4003901)

_____ Ex. **Singen u. Musizieren** (4003893)

_____ Ex. **Naturwissenschaften** (4003877)

_____ Ex. **Zahlen u. Mathematik** (4003844)

Ab 5 Exemplaren einer Ausgabe gelten unsere günstigen Mengenpreise. Rufen Sie uns einfach an: 0761 / 2717 474.
(Irrtum oder Änderung vorberhalten)

Meine Adresse:

Vor- und Zuname

Straße

PLZ/Ort

Telefon E-Mail

Datum ✗ Unterschrift

## NEUE REIHE:
## kindergarten heute *basiswissen kita management*

**Ja**, senden Sie mir bitte zum Preis von jeweils € 8,90 (zzgl. Porto)

_____ Ex. **Elternzusammenarbeit** (4002440)

_____ Ex. **Profilentwicklung** (4002432)

_____ Ex. **Zeitmanagement** (4002424)

**Ebenfalls noch erhältlich:**

_____ Ex. **Beurteilungen und Zeugnisse** (4002416)

_____ Ex. **Konzepte entwickeln** (4002374)

_____ Ex. **Gesprächsführung in der Kita** (4002390)

_____ Ex. **Familien stärken - Elternbildung** (4002382)

_____ Ex. **Rechtliche Grundlagen** (4002408)

_____ Ex. **Methoden der Team-/Elternarbeit** (4002309)

_____ Ex. **Social Sponsoring & Fundraising** (4002291)

_____ Ex. **Personalauswahl** (4002242)

Ab 5 Exemplaren einer Ausgabe gelten unsere günstigen Mengenpreise. Rufen Sie uns einfach an: 0761 / 2717 474.
(Irrtum oder Änderung vorberhalten)

Meine Adresse:

Vor- und Zuname

Straße

PLZ/Ort

Telefon E-Mail

Datum ✗ Unterschrift

kindergarten heute *spezial*

* die wichtigsten **pädagogischen und psychologischen Themen** der Elementarpädagogik
* **kompakt** und übersichtlich zusammengestellt.

Bitte mit
€ 0,45
frankieren,
falls Marke
zur Hand

Antwort

HerderShop24
Postfach 100 154

79120 Freiburg

kindergarten heute *spot*

* **praxisnahe** und leicht umsetzbare Unterstützung zu **aktuellen Fragen** und Trends
* schnell, hilfreich und **kompetent.**

Bitte mit
€ 0,45
frankieren,
falls Marke
zur Hand

Antwort

HerderShop24
Postfach 100 154

79120 Freiburg

kindergarten heute *basiswissen kita management*

* Themenhefte mit praxisbezogenem Zugang zu **Organisations- und Managementaufgaben** in der Kita
* komplexe Inhalte in übersichtlicher und leicht **verständlicher** Form

Bitte mit
€ 0,45
frankieren,
falls Marke
zur Hand

Antwort

HerderShop24
Postfach 100 154

79120 Freiburg

**Informationen zusammentragen**
Hinweise auf den sexuellen Missbrauch eines Kindes lösen bei pädagogischen Fachkräften in der Regel große Beunruhigung und Bestürzung aus. „Das darf doch nicht wahr sein!", lautet meist die erste Reaktion, gefolgt von Gefühlen der Angst, Hilflosigkeit und Wut. Die Hoffnung, sich mit seinen Beobachtungen und Schlussfolgerungen getäuscht zu haben, wechselt ab mit dem Wunsch, das Kind sofort vor weiteren Übergriffen zu schützen. In das „Chaos der Gefühle" mischen sich bisweilen auch Selbstvorwürfe, die Vorgänge nicht früher erkannt und damit Schlimmeres verhindert zu haben.
Im Fall von Janina werden der Erzieherin viele Fragen durch den Kopf gehen: Stehen die Kopf- und Bauchschmerzen, über die das Mädchen in den letzten Wochen häufig klagte, in einem Zusammenhang mit dem Verhalten des Stiefbruders? Hat Janina ihr wirklich alles erzählt? Wann haben die Übergriffe begonnen und welches Ausmaß haben sie bereits erreicht? Wissen die Mutter und der Stiefvater davon und warum sind sie nicht in der Lage, das Kind ausreichend zu schützen? Muss sie Janinas Eltern sofort über die Schilderungen ihrer (Stief-)Tochter informieren? Wie werden sie reagieren? Und: Kann der Kindergarten das Mädchen unter diesen Umständen am Nachmittag ohne vorheriges Gespräch mit den Eltern überhaupt nach Hause gehen lassen?
Bei Verdacht auf sexuellen Missbrauch sind ruhige Überlegung und planvolles Vorgehen unabdingbar. Panische Reaktionen wie zum Beispiel ein sofortiger Anruf bei den Eltern können die Situation möglicherweise verschlimmern und die Gefährdung noch erhöhen. Zugleich ist rasches Handeln notwendig, denn es ist zu befürchten, dass der Missbrauch fortgesetzt wird, solange das Kind nicht wirksam geschützt ist.
In Janinas Fall sollte die Erzieherin den Erzählungen des Mädchens einfühlsam zuhören und unmissverständlich deutlich machen, dass das Verhalten des Stiefbruders nicht akzeptabel ist. Sofern Janina bereit ist, Einzelheiten zu berichten, kann behutsam nachgefragt werden. Es ist jedoch nicht Aufgabe der Erzieherin, „kriminalistisch" zu recherchieren. Zumeist markieren Kinder die Grenzen ihrer Mitteilungsbereitschaft sehr genau; diese Grenzen müssen dann auch respektiert werden. Am Ende des Gesprächs sollte die Erzieherin dem Mädchen sagen, dass sie mit den Eltern sprechen wird, damit derartige Übergriffe sich nicht wiederholen. Der möglichen Bitte Janinas, niemandem von den Vorkommnissen zu erzählen, darf die Erzieherin nicht nachkommen. In diesem Fall muss sie dem Mädchen vermitteln, dass sie seine Ängste zwar versteht, es jedoch ihre Aufgabe ist, gemeinsam mit den Eltern dafür zu sorgen, dass Janina in Zukunft besser geschützt wird.
Noch am selben Tag sollte die Erzieherin das Gespräch mit der Leiterin und den Kolleginnen suchen. In diesem Gespräch sollten sämtliche Beobachtungen, die mit dem berichteten Missbrauch in Zusammenhang stehen könnten (Verhalten des Kindes in den letzten Tagen und Wochen, Äußerungen der Eltern in der Bring- und Abholsituation etc.), zusammengetragen und schriftlich dokumentiert werden.

**Eine insofern erfahrene Fachkraft hinzuziehen**
Da bei Verdacht auf sexuellen Missbrauch nicht abgewartet werden kann, sollte gemäß § 8a Abs. 2 SGB VIII eine insofern (d.h. in Bezug auf sexuellen Missbrauch) erfahrene Fachkraft möglichst noch am selben Tag (notfalls telefonisch) hinzugezogen werden. Ziel des Gesprächs zwischen der Kindertageseinrichtung (Leiterin und zuständige Erzieherin bzw. Team) und der insofern erfahrenen Fachkraft ist es, eine Abschätzung des Gefährdungsrisikos für das Kind vorzunehmen und das weitere Vorgehen zu planen.

**Es ist nicht Aufgabe der Erzieherin, „kriminalistisch" zu recherchieren.**

**Die Risiken für das Kind einschätzen**
Bei der Risikoabschätzung spielen Art und Umfang der Gefährdung eine große Rolle. Bei sexuellem Missbrauch ist bedeutsam, ob sich der Verdacht auf auffällige Verhaltensweisen des Kindes (z.B. sexualisiertes Verhalten) stützt oder ob das Kind selbst von sexuellen Übergriffen berichtet. Weiterhin ist zu unterscheiden, ob es sich um verbale Grenzüberschreitungen handelt oder ob körperliche Übergriffe stattgefunden haben und welches Ausmaß an psychischem Druck (z.B. Drohungen, Zwang zur Ge-

heimhaltung) und/oder körperlicher Gewalt (z. B. Festhalten, Verletzungen des Kindes) damit verbunden ist.
Zudem ist abzuschätzen, ob die Eltern – sofern sie nicht selbst als Täter infrage kommen – von den Übergriffen wissen, warum sie das Kind bisher nicht schützen konnten und inwieweit sie vermutlich bereit und in der Lage sein werden, geeignete Hilfen anzunehmen. Sämtliche Ergebnisse der Risikoabschätzung werden sorgfältig dokumentiert.

**Eltern informieren und für Hilfen motivieren**

In erster Linie ist es Aufgabe der Eltern, ihr Kind vor sexuellem Missbrauch zu schützen. Sofern die Eltern bzw. ein Elternteil nicht selbst als Täter in Frage kommen, müssen sie zeitnah (i. d. R. am selben Tag) über die Beobachtungen und die damit verbundenen Vermutungen seitens des Kindergartens informiert werden. Ein solches Gespräch sollte von der Leiterin gemeinsam mit der Bezugserzieherin geführt werden. Normalerweise sind Eltern daraufhin sofort bereit, alle notwendigen Maßnahmen zu ergreifen, damit ihr Kind Hilfe erhält und künftig besser geschützt ist.

**Die KiTa muss bei den Eltern auf die Inanspruchnahme notwendiger Hilfen hinwirken.**

Im Fall von Janina sollten die Mutter und ihr Partner das Mädchen ermutigen, mit ihnen über die Geschehnisse zu sprechen. Im zweiten Schritt wäre es ihre Aufgabe, den Stiefbruder mit Janinas Bericht zu konfrontieren und die Übergriffe eindeutig zu missbilligen. Anschließend hätten sie dafür Sorge zu tragen, dass der Jugendliche bis auf Weiteres nicht mehr unbeaufsichtigt mit seiner Stiefschwester zusammen ist. Schließlich sollten sie ihm erzieherische Hilfen, eventuell in Form eines Erziehungsbeistands oder einer Psychotherapie, zukommen lassen. Möglicherweise kommen weitere Formen der Unterstützung wie zum Beispiel Familienberatung oder -therapie in Frage.
Aufgabe der Kindertageseinrichtung ist es, bei den Eltern auf die Inanspruchnahme notwendiger Hilfen hinzuwirken und sich davon zu überzeugen, dass die angenommenen Hilfen tatsächlich ausreichend sind, um die Gefährdung des Kindes abzuwenden. Die Eltern sind darüber zu informieren, dass sie nach dem Kinder- und Jugendhilfegesetz einen Leistungsanspruch auf Hilfen zur Erziehung haben.
In den Fällen von sexuellem Missbrauch, in denen ein Elternteil (oder beide Eltern) als Täter in Frage kommt und das Kind vor ihm geschützt werden muss, ist ein konfrontierendes Gespräch notwendig. Da in einem solchen Fall Schutzmaßnahmen unter Umständen auch gegen den Willen der Eltern ergriffen werden müssen (z. B. wenn der missbrauchende Elternteil nicht bereit ist, die Verantwortung für den Missbrauch zu übernehmen und die Wiederholungsgefahr groß ist), wird ein solches Gespräch in der Regel von einem/r Mitarbeiter/in des Jugendamts geführt. Das Jugendamt entscheidet dann – notfalls unter Einschaltung des Familiengerichts –, welche Maßnahmen notwendig sind, um das Kind zu schützen (z. B. Inobhutnahme).

## Suchtabhängigkeit der Eltern

Unter Sucht ist ein Verhaltensmuster zu verstehen, das von einem zwanghaften, wachsenden Verlangen nach einem bestimmten Gefühls- und Erlebniszustand geprägt ist. Die Sucht kann sich auf den Umgang mit Stoffen beziehen (z. B. Alkoholsucht, Nikotinsucht, Heroin- oder Kokainsucht) oder auf ein bestimmtes Verhalten (z. B. Magersucht, Fresssucht, Arbeitssucht, Spielsucht, Sexsucht, Fernseh- oder Internetsucht). In Bezug auf stoffgebundene Süchte wird der Begriff „Sucht" meist durch „Abhängigkeit" ersetzt.
Im Fall einer Abhängigkeit wird der Verstand dem Verlangen nach bestimmten Stoffen untergeordnet. Abhängigkeit – von den Betroffenen häufig geleugnet – beeinträchtigt die freie Entfaltung der Persönlichkeit und kann die sozialen Bindungen und sozialen Chancen eines Individuums beeinträchtigen oder sogar zerstören. Die Folgen für den Suchtkranken sind gravierend: Der

entstehende Kontrollverlust führt dazu, dass sich die Zukunftsplanung zunehmend auf die Organisation der Abhängigkeit reduziert. Nicht selten sind Begleiterkrankungen wie Angststörungen, Depressionen oder Psychosen. In vielen Fällen werden Familienangehörige oder Freunde in die Sucht hineingezogen und unterstützen das Suchtsystem (Co-Abhängigkeit), indem sie dem Süchtigen viele Aufgaben abnehmen, sein Verhalten rechtfertigen und die Probleme nach außen hin leugnen.
In Deutschland leben mehr als zweieinhalb Millionen Kinder mit mindestens einem alkoholkranken Elternteil. Hinzu kommen etwa 40 000 Kinder mit Eltern, die von illegalen Drogen abhängig sind. Damit ist jede siebte Familie zeitweise oder dauerhaft von Sucht und Abhängigkeit mindestens eines Elternteils betroffen. Jedes 250. Kind wird bereits mit Schädigungen aufgrund des Alkoholkonsums der Mutter während der Schwangerschaft geboren. Rund ein Drittel der Kinder aus suchtbelasteten Familien wird später selbst suchtkrank.

**Fallbeispiel: „Dennis' Mutter hatte eine Alkoholfahne“**
Dennis ist vier und ein ruhiger, hilfsbereiter Junge. Häufig hält er sich mit seinen beiden besten Freunden in der Bauecke auf. Zu dritt holen sie sich dann alle verfügbaren Spielzeugautos, vergessen die Welt um sich herum und spielen „Werkstatt“ oder „Unfall“. Dennis will später Kranführer werden wie sein Vater. Der sei, so erzählt er kenntnisreich und nicht ohne Stolz, meistens „auf Montage“. Über seine Mutter spricht Dennis nicht gern, obwohl er täglich mit ihr zusammen ist. Als die Kinder im Morgenkreis über ihre Erlebnisse am Wochenende berichten, erzählt er jedoch, dass seine Mutter den ganzen Sonntagvormittag im Bett verbracht hat. Auf die Frage der Erzieherin, wer denn dann das Frühstück gemacht habe, antwortet er verlegen: „Ich“.
Beim nächsten Teamgespräch tauschen die Erzieherinnen ihr Wissen über die Familie aus: Der Vater ist im Kindergarten kaum bekannt, zuletzt war er bei der Weihnachtsfeier dabei. Die Mutter nimmt regelmäßig an Elternabenden und Entwicklungsgesprächen teil. Sie ist dann immer etwas „herausgeputzt“ und redet wenig. Von ihr weiß man nur, dass sie in einem Supermarkt arbeitet. Eine Erzieherin erinnert sich: „Letzten Freitag hatte Dennis' Mutter beim Abholen eine Alkoholfahne. Ich habe es sogar auf Abstand gerochen.“ Es stellt sich heraus, dass mehrere Mitarbeiterinnen unabhängig voneinander bereits einmal vermuteten, dass die Mutter beim Bringen oder Abholen ihres Sohnes unter Alkoholeinfluss stand. Sie hatten ihren Beobachtungen bisher jedoch nicht allzu viel Gewicht beigemessen. Daraufhin werden viele Fragen diskutiert: Müssen die Erzieherinnen die Mutter auf das Thema Alkohol ansprechen? Dürfen sie das überhaupt, da dem Kind bisher doch nichts zugestoßen ist? Wenn ein Gespräch stattfindet, wer soll daran teilnehmen? Wie und mit welchem Ziel soll dieses Gespräch geführt werden?

**Informationen zusammentragen**
Anzeichen für die Suchterkrankung eines Elternteils sind nicht immer leicht zu erkennen: Das Kind zieht sich zurück, ist oft nicht „bei der Sache“ und verschließt sich Gesprächen über die Situation zu Hause. Die Eltern meiden den direkten Kontakt, Bring- und Abholsituationen verlaufen rasch und ohne dass ein Austausch gewünscht wird, Hinweise auf den offensichtlich schlechten Gesundheitszustand eines Elternteils werden bagatellisiert. Hinzu kommt, dass die Scheu vor einem Eindringen in die Privatsphäre der Familie dazu führen kann, dass Erzieherinnen Anzeichen für eine Suchterkrankung eines Elternteils nicht ernst genug nehmen. Bei einem konkreten Verdacht auf Suchtabhängigkeit sollten im Teamgespräch alle verfügbaren Informationen zusammengetragen werden (siehe Fallbeispiel). Folgende Fragen sind dabei zu beantworten:

**Die Suchterkrankung eines Elternteils ist nicht immer leicht zu erkennen.**

- Welche offenen oder versteckten Anzeichen für eine Suchterkrankung sind bekannt?
- Fügen sich die unterschiedlichen Beobachtungen zu einem Gesamtbild zusammen?
- Sprechen der betroffene und/ oder der nicht betroffene Elternteil über die Situation und inwieweit besteht Problemakzeptanz bzw. Krankheitseinsicht?
- Auf welche Weise und in welchem Ausmaß leidet das Kind unter der Situation?
- Sind Gefährdungen bekannt, vor denen das Kind geschützt werden muss?
- Äußert es sich selbst zu der Situation?

Im Fall von Dennis gibt es offensichtliche (Alkoholfahne), aber auch weniger eindeutige Anzeichen (Beobachtungen mehrerer Mitarbeiterinnen beim Bringen und Abholen) dafür, dass die Mutter ein Alkoholproblem hat. Dennis selbst hat das Thema Alkohol bisher nicht direkt angesprochen, wenn auch seine Schilderung des Sonntagvormittags damit in Zusammenhang gebracht werden kann. Im Kindergarten ist der Junge bislang nicht aufgefallen, im Gegenteil, er gilt dort als besonders hilfsbereit und ruhig. Dennoch machen sich die Erzieherinnen Sorgen, ob sich die Mutter, wenn sie unter Alkoholeinfluss steht, ausreichend um ihren Sohn kümmern kann, zum Beispiel im Straßenverkehr.

**In akuten Notsituationen kann das Einschalten der Polizei erforderlich sein.**

Sämtliche Beobachtungen und damit verbundene Fragen sollten schriftlich festgehalten und über einen gewissen Zeitraum (z. B. einen Monat) hinweg durch zusätzliche systematische Beobachtungen ergänzt werden.

**Das Gespräch mit den Eltern suchen**

Sofern sich die Hinweise auf eine Suchtbelastung in einer Familie verdichten, sollte zeitnah ein Gespräch mit den Eltern stattfinden. Da auch der nicht von Sucht betroffene Elternteil zum „Suchtsystem Familie" gehört, sollte er ebenfalls eingeladen werden. Es ist sinnvoll, dass zwei Erzieherinnen – darunter bei Anzeichen für eine Kindeswohlgefährdung in jedem Fall die Leiterin – am Gespräch teilnehmen.
Im Fall von Dennis könnte ein solches Elterngespräch etwa so ablaufen: Die Leiterin dankt den Eltern für ihr Kommen und die Bereitschaft zum Gespräch. Sie bittet die zuständige Erzieherin, zu schildern, warum sich der Kindergarten um Dennis Sorgen macht. Daraufhin berichtet diese zum Beispiel wie folgt: „Am Freitag, als Sie Dennis vom Kindergarten abholten, habe ich bei Ihnen deutlich Alkoholgeruch wahrgenommen. Als wir im Team darüber sprachen, sagten auch Kolleginnen, dass sie schon einmal vermutet haben, dass Sie beim Bringen oder Abholen von Dennis unter Alkoholeinfluss standen. Zunächst haben wir diesen Beobachtungen nicht allzu viel Bedeutung beigemessen. Inzwischen aber machen wir uns Sorgen, ob Dennis in jeder Situation – zum Beispiel im Straßenverkehr – ganz auf Sie zählen kann. Wir sind auch besorgt darüber, welchen Eindruck Dennis von Ihnen bekommen muss, wenn er Sie unter Alkoholeinfluss erlebt und wie die Reaktionen anderer Kinder und Eltern sind." Anschließend kann die Leiterin die Eltern bitten, ihre jeweilige Sicht der Situation zu schildern und sich dazu zu äußern, ob die Sorgen des Kindergartens berechtigt sind und ob nach Hilfen gesucht werden muss.
Im weiteren Verlauf des Gesprächs sollte mit den Eltern aufgelistet werden, in welchen Punkten sie selbst Veränderungen herbeiführen können, wo der Kindergarten Unterstützung anbietet und in welchen Bereichen zusätzliche Hilfen notwendig sind. Auch das konkrete weitere Vorgehen muss vereinbart werden: In welchen zeitlichen Abständen wird Bilanz gezogen? Auf welche Weise werden zusätzliche Hilfen in Anspruch genommen? Wie werden offen gebliebene Fragen geklärt? Zu den beiden letzten Punkten kann zum Beispiel gehören, sich an eine Beratungsstelle, die Suchtkrankenhilfe oder eine Selbsthilfegruppe zu wenden oder das Gespräch mit dem Jugendamt zu suchen. Die Ergebnisse des Gesprächs sind sorgfältig zu dokumentieren.

**Wenn das Wohl des Kindes gefährdet ist**

Unabhängig davon, ob der suchtkranke Elternteil seine Abhängigkeit behandeln lässt, hat das Kind, wenn sein Wohl gefährdet ist, Anspruch auf Hilfe. Eine Kindeswohlgefährdung kann zum Beispiel vorliegen, wenn ein suchtkranker Elternteil zeitweise die Versorgung nicht mehr übernehmen kann, das Kind für eigene Zwecke instrumentalisiert, Partnergewalt vor den Augen des Kindes stattfindet oder Gewalt sich direkt gegen das Kind richtet.
Im Fall gewichtiger Anhaltspunkte für eine Kindeswohlgefährdung hat der Kindergarten gemäß § 8a Abs. 2 SGB VIII eine insofern erfahrene Fachkraft hinzuzuziehen, die Leitung und Team bei der Abschätzung des Gefährdungsrisikos für das Kind sowie bei der Planung des weiteren Vorgehens unterstützt.
Ebenso gehört es zu den Aufgaben des Kindergartens, bei den Eltern auf die Inanspruchnahme notwendiger Hilfen hinzuwirken und sich davon zu überzeugen, dass die Hilfen tatsächlich in Anspruch genommen werden und ausreichend sind, um die Gefährdung abzuwenden (vgl. auch Kapitel „Körperliche Misshandlung").
In akuten Notsituationen, wenn zum Beispiel ein suchtabhängiger Elternteil nicht mehr zurechnungsfähig ist oder trotz offensichtlicher Fahruntüchtigkeit das Kind mit

dem Auto transportieren will, kann eine Inobhutnahme unter Einbeziehung des Jugendamts oder notfalls das Einschalten der Polizei erforderlich sein.

## Hoch konflikthafte Trennung der Eltern

Jedes Jahr erleben mehr als 150000 Kinder in Deutschland die Trennung oder Scheidung ihrer Eltern. Nur bei einem kleinen Teil hoch konflikthafter Trennungen ist das Wohl eines Kindes gefährdet. Zugleich gehören Sorge- und vor allem Umgangsstreitigkeiten nach einer Trennung zu den häufigsten Konflikten, die sich auch auf das Kind und die Arbeit in Kindertageseinrichtungen auswirken.

Selbst gutwillige Eltern geraten in akuten Trennungskrisen häufig an ihre Grenzen. Für die Eltern ist es eine große Herausforderung, die mit einer Trennung verbundenen Regelungen an den Bedürfnissen des Kindes auszurichten. Obwohl sie das Beste für ihr Kind wollen, fällt es ihnen nicht immer leicht, auch das Beste für ihr Kind zu tun. Gerade kurz nach einer Trennung oder Scheidung, wenn es emotional noch drunter und drüber geht, können Versagens- und Schuldgefühle sowie Vorstellungen über die vermeintlich negativen Auswirkungen der Trennung sie daran hindern, die Bedürfnisse ihres Kindes wahrzunehmen und zu verstehen. Außerdem fällt es ihnen oft schwer, mit dem anderen Elternteil zu kommunizieren.

Wenn es den Eltern nicht gelingt, das Kind aus ihren Konflikten herauszuhalten, oder wenn ein Elternteil versucht, das Kind gegen den anderen einzunehmen, geraten Kinder in einen für sie nicht lösbaren Loyalitätskonflikt (vgl. auch Kapitel „Seelische Misshandlung"). Sie verlieren die Orientierung und wissen nicht, wie sie sich verhalten sollen. Viele Kinder reagieren dann mit innerem Rückzug. Sie wollen es beiden Eltern recht machen und müssen daher ständig auf der Hut sein, um sich nicht falsch zu verhalten und einen Elternteil zu „verraten". Eine andere Reaktion auf Loyalitätskonflikte kann darin bestehen, dass sich das Kind zeitweise oder ganz auf die Seite eines Elternteils schlägt. Dies schafft kurzfristig Entlastung, aber der Preis dafür ist hoch. Das Kind erlebt seine Beziehung zum anderen Elternteil als belastet und befürchtet, sie ganz zu verlieren.

**Fallbeispiel: Ausflug mit Papa**

Lenas Eltern haben sich getrennt. Kurz vor Ostern ist der Vater zu Hause ausgezogen. Er lebt jetzt mit seiner neuen Partnerin in deren Wohnung. „Papas neue Freundin heißt Martina und hat einen Hund", erzählt Lena im Kindergarten. Auch Lenas Mutter hat mit der Erzieherin schon über die Situation gesprochen. „Wir waren nicht verheiratet und verstanden uns als moderne Eltern. Unsere Tochter hatte zu uns beiden eine enge Beziehung. Vor etwa einem halben Jahr wurde dann alles anders. Lenas Vater wandte sich von mir ab. Von dem eigentlich geplanten zweiten Kind war plötzlich keine Rede mehr. Er war viel weg, nicht nur beruflich, und auch Lena hat er immer mehr links liegen lassen. Wenigstens haben wir uns darauf einigen können, dass er seine Tochter an zwei Tagen in der Woche zu sich nimmt."

Lena verhält sich im Kindergarten meist wie gewohnt. Nur vor Weihnachten war den Erzieherinnen aufgefallen, dass sie ein wenig bedrückt wirkte und mehr als sonst für sich allein spielte. Durch einen heftigen Streit der Eltern in Lenas Anwesenheit war die Trennung der beiden für sie offenkundig geworden. Zu ihrer Erzieherin hatte sie daraufhin gesagt: „Mama und Papa sollen sich wieder vertragen". In der Zeit danach nässte sie einige Male ein, obwohl sie mit ihren knapp vier Jahren eigentlich schon sauber war.

An einem Freitag kommt Lenas Vater unangekündigt bereits vor dem Mittagessen in den Kindergarten und will seine Tochter abholen. Er erklärt, dass er sich unerwartet freinehmen konnte und nun zusammen mit Lena und seiner Freundin einen Ausflug in einen nahe gelegenen Freizeitpark machen möchte. Die Erzieherin fühlt sich etwas überrumpelt und ist verunsichert. Einerseits möchte sie Lena ungern mitten aus ihrem Spiel herausreißen, andererseits hat sie Verständnis für das Anliegen des Vaters. Während sie versucht, die Leiterin zu erreichen, um sie zurate zu ziehen, kommen ihr weitere Fragen: Hat der Vater überhaupt das Recht, Lena ohne vorherige Absprache früher abzuholen? Darf sie ihm das Kind einfach mitgeben? Was wird Lenas Mutter dazu sagen?

**Schwere Loyalitätskonflikte können zu einer Kindeswohlgefährdung führen.**

### Die Situation klären

Wenn viele schwierige Fragen auftauchen, ist es besonders wichtig, einen kühlen Kopf zu behalten. Dabei hilft vor allem ein Gespräch mit der Leiterin, ist diese verhindert, mit einer erfahrenen Kollegin. Das Bedürfnis nach einer kurzen „Bedenkzeit" sollte dem Vater offen mitgeteilt werden, zum Beispiel so: „Ich habe Ihren Wunsch verstanden und bitte Sie um etwas Geduld, weil ich kurz mit unserer Leiterin Rücksprache halten muss. Vielleicht möchten Sie in dieser Zeit eine Tasse Kaffee trinken?"

**Erzieherinnen sollten über Absprachen zwischen den Eltern, die das Kind betreffen, Bescheid wissen.**

Möglicherweise ergibt das Gespräch mit der Leiterin, dass zwischen den Eltern vorab vereinbart wurde, dass der Vater seine Tochter bei Bedarf früher als üblich abholen darf. In diesem Fall kann die Erzieherin dies dem Vater bestätigen und mit ihm zusammen Lena informieren. Lena kann dann sicher sein, dass beide Eltern diese Regelung gutheißen. Zusätzlich könnte der Vater gebeten werden, seine Pläne dem Kindergarten künftig rechtzeitig mitzuteilen, sodass Lena nicht aus ihrem Spiel gerissen wird und alle sich darauf einstellen können.

„Zu wem soll ich halten?"

### Das direkte Gespräch suchen

Andernfalls, wenn also keine Absprache zwischen den Eltern für einen solchen Fall getroffen wurde, sollte die Leiterin zusammen mit der Erzieherin das direkte Gespräch mit dem Vater suchen. 10 bis 15 Minuten in einem freundlichen, möglichst störungsfreien Raum sind dafür einzuplanen. Die Gesprächsführung liegt bei der Leiterin. Sofern die Erzieherin für diese Zeit nicht von den Kindern abgezogen werden kann, sollte die Leiterin das Gespräch alleine führen. Sie könnte es wie folgt eröffnen: „Lenas Mutter hat uns mitgeteilt, dass Sie seit einiger Zeit getrennt leben. Für Lena ist es sehr wichtig, dass Entscheidungen, die sie selbst betreffen, weiterhin einvernehmlich von beiden Eltern getroffen werden. Hierzu gehört auch das Bringen und Abholen im Kindergarten. Welche Regelungen haben Sie und Lenas Mutter vereinbart?"

Das Gespräch kann jetzt einen unterschiedlichen Verlauf nehmen, abhängig von den Auskünften des Vaters. In jedem Fall sollte sich die Leiterin seine Angaben von der Mutter bestätigen lassen, eventuell telefonisch. Entscheidend für die Gesprächsführung ist, dass die Leiterin ihr Vorgehen mit dem berechtigten Interesse von Lena begründet, nicht in einen Loyalitätskonflikt zwischen Mutter und Vater zu geraten.

### Maßstab ist das Wohl des Kindes

In den meisten Fällen gelingt es, Eltern davon zu überzeugen, ihr Handeln am Wohl des Kindes zu orientieren und trotz der Konflikte rund um die Trennung mit dem anderen Elternteil zu kooperieren. Manchmal ist dies jedoch nicht möglich. Sofern im Fallbeispiel der Vater das Einverständnis der Mutter nicht nachweisen kann und auch nicht bereit ist, in dieser Situation mit ihr zu kooperieren, sollte die Leiterin ihm deutlich machen, dass sie sein Vorgehen nicht billigen kann, da Lena dadurch in einen für sie schwierigen Konflikt geraten würde. Falls sich der Vater darüber hinwegsetzt und Lena einfach mitnehmen möchte, sollte die Leiterin ihm mitteilen, dass sie sich gezwungen sieht, Lenas Mutter zu informieren. Hinweis: In rechtlicher Hinsicht ist das Verhalten des Vaters in Abhängigkeit von der Regelung des Sorgerechts (zu dem auch das Recht gehört, den Aufenthalt des Kindes zu bestimmen) zu beurteilen. Im Fallbeispiel sind die Eltern von Lena nicht miteinander verheiratet. Auch unverheiratete Eltern können sich für das gemeinsame Sorgerecht entscheiden, sofern sie beide eine entsprechende Sorgeerklärung abgeben. Unabhängig von der Sorgerechtsregelung gilt für beide Eltern, dass sie gemäß § 1684 Abs. 2 BGB alles zu unterlassen haben, „was das Verhältnis des Kindes zum jeweils anderen Elternteil beeinträchtigt oder die Erziehung erschwert".

**Wenn das Wohl des Kindes gefährdet ist**

In manchen Fällen eskalieren Trennungskonflikte der Eltern so sehr, dass das Wohl des Kindes gefährdet ist. Dies kann der Fall sein, wenn ein Elternteil den anderen vor dem Kind ständig abwertet, das Kind gegen den anderen Elternteil aufhetzt oder es dazu benutzt, den (ehemaligen) Partner auszuspionieren. Auch Drohungen („Wenn du deinem Vater von meinem neuen Freund erzählst, bist du für mich gestorben!"), wiederholte Beschuldigungen („Du bist genauso gemein wie deine Mutter!"), Erpressungen oder der Entzug des Kindes können ein Kind nachhaltig schädigen und sein Wohl gefährden (vgl. auch Kapitel „Seelische Misshandlung").
Sofern im Zusammenhang mit der Trennung oder Scheidung von Eltern gewichtige Anhaltspunkte für eine Kindeswohlgefährdung vorliegen, muss die Kindertageseinrichtung gemäß § 8a Abs. 2 SGB VIII eine insofern erfahrene Fachkraft zur Abschätzung des Gefährdungsrisikos für das Kind hinzuziehen und bei den Eltern auf die Inanspruchnahme von Hilfen hinwirken. Nach § 28 SGB VIII haben Eltern im Fall von Erziehungsproblemen bei Trennung oder Scheidung einen Anspruch auf Erziehungsberatung. Auch für die von der Trennung ihrer Eltern betroffenen Kinder bestehen bei Bedarf Hilfemöglichkeiten wie zum Beispiel eine Kinderpsychotherapie oder Gruppenangebote für Scheidungskinder. Wenn notwendige Hilfen von den Eltern nicht in Anspruch genommen werden oder nicht ausreichen, um die Gefährdung abzuwenden, muss der Kindergarten das Jugendamt informieren (vgl. auch Kapitel „Körperliche Misshandlung").

**Konflikten vorbeugen**

Damit sich Umgangskonflikte gar nicht erst zuspitzen, sollte im Falle einer Trennung oder Scheidung so früh wie möglich das Gespräch mit beiden Eltern gesucht werden. Sind die Eltern zu einem gemeinsamen Gespräch nicht bereit oder in der Lage, muss je ein Gespräch mit Mutter und Vater allein geführt werden. In einem solchen Gespräch, an dem nach Möglichkeit die Leiterin und die zuständige Erzieherin teilnehmen, sollten alle für das Kind im Kindergarten wichtigen Regelungen vereinbart werden. Die Ergebnisse sollten schriftlich festgehalten und von beiden Eltern unterschrieben werden.
In dem Gespräch kann den Eltern auch mitgeteilt werden, dass Kinder normalerweise eine Trennung oder Scheidung ihrer Eltern gut verkraften. Möglich ist jedoch, dass sie aufgrund der Veränderungen in der Familie vorübergehend verunsichert sind und besondere Aufmerksamkeit seitens der Eltern und/oder des Kindergartens beanspruchen. Entscheidend für die Entwicklung des Kindes ist, inwieweit es den Eltern gelingt, trotz der Auflösung ihrer Paarbeziehung zum Wohl des Kindes zusammenzuwirken.

### Andere Formen

Auch bei einer schweren (körperlichen oder seelischen) Erkrankung eines Elternteils kann das Wohl eines Kindes gefährdet sein. Typisch für viele betroffene Familien ist, dass Eltern und Kinder kaum in der Lage sind, offen miteinander über ihre Sorgen und Ängste zu sprechen. Schwer kranke Eltern neigen dazu, den Kindern wichtige Informationen vorzuenthalten, um sie nicht zu sehr zu belasten. Umgekehrt versuchen die Kinder, bestehende Ängste vor den Eltern zu verbergen aus Furcht, ihnen zusätzlich Sorgen zu bereiten. Dies führt wiederum dazu, dass die erkrankten Eltern die Belastungen ihrer Kinder häufig unterschätzen oder deren Leid sogar gänzlich übersehen, zumal sie selbst versuchen (müssen), ihre Energien auf die eigene Wiederherstellung zu konzentrieren. Auf diese Weise kann familiendynamisch ein unbewusstes „Schweigegebot" entstehen, unter dem sämtliche Mitglieder der Familie leiden und das eine Ent-

**Durch die seelische Erkrankung eines Elternteils werden Kinder häufig in eine Versorgerrolle gedrängt.**

spannung der Situation durch offene Aussprache verhindert.
Bei einer akuten seelischen Erkrankung eines Elternteils fehlt den Kindern weitgehend dessen Zuwendung; er steht ihnen emotional und häufig auch physisch nicht zur Verfügung. Die Kinder leben in einem Wechselbad der Gefühle: Angst, Wut, Hilflosigkeit und Trauer spielen dabei eine Rolle. Zum emotionalen Verlust kommen zusätzliche Belastungen. Viele Kinder versorgen den erkrankten Elternteil, strengen sich an, einer Verwahrlosung der Wohnung entgegenzuwirken und führen den Haushalt, so gut es eben geht. In zugespitzten Situationen versuchen sie, Hilfe zu holen und den Elternteil zu stabilisieren. Die Kinder werden in eine Versorgerrolle gedrängt (Parentifizierung), die sie völlig überfordert. Das Eltern-Kind-Verhältnis steht auf dem Kopf.
Eine für das betroffene Kind mit schwerwiegenden Folgen verbundene Form von Gewalt ist das Münchhausen-Stellvertreter-Syndrom, eine Kombination aus physischer und psychischer Misshandlung. Hier simulieren die Eltern bei ihrem (oft sehr kleinen) Kind eine Krankheit. Manchmal handelt es sich nur um erfundene Krankheitssymptome, manchmal werden jedoch auch körperliche Symptome herbeigeführt, um eine Krankheit vorzutäuschen. Häufig werden die Kinder daraufhin zahlreichen und schmerzhaften medizinischen Eingriffen unterzogen, die alle ohne organischen Befund bleiben. Ohne dies zu beabsichtigen, wirkt das medizinische Personal dadurch an der Misshandlung des Kindes mit. Im Unterschied zur körperlichen Misshandlung, bei der typischerweise ein Widerspruch zwischen den Befunden und den zur Erklärung von den Eltern dargestellten Geschichten besteht, wird im Fall des Münchhausen-Stellvertreter-Syndroms nicht nur die Geschichte erfunden, sondern auch die Krankheit selbst. Die Eltern bestreiten jegliche Kenntnis der Krankheitsursache und liefern ihr Kind dadurch langwierigen diagnostischen Prozeduren aus.
Auch im Fall häuslicher (Partner-) Gewalt ist das Wohl eines Kindes in der Regel gefährdet. Zwar ist das Kind nicht in körperlicher Hinsicht von der Gewalt betroffen, aber es erlebt diese bei seinen wichtigsten Bezugspersonen. Die Identifizierung mit den Eltern als Täter bzw. Opfer kann bei Kindern zu schweren seelischen Störungen führen.
Weitere, eher selten vorkommende Formen von Gewalt gegen Kinder sind bizarre und die Gesundheit gefährdende Ernährungsformen (z. B. makrobiotische Ernährung im ersten Lebensjahr, Verabreichung von Kaffee an kleine Kinder), erzwungener Drogenkonsum sowie das Vorenthalten lebensrettender medizinischer Maßnahmen (z. B. aus religiöser Überzeugung).

**Formen der Kindeswohlgefährdung**

- Körperliche Misshandlung
- Vernachlässigung
- Seelische Misshandlung
- Sexueller Missbrauch
- Suchtabhängigkeit der Eltern
- Hoch konflikthafte Trennung der Eltern
- Schwere (körperliche oder seelische) Erkrankung eines Elternteils
- Münchhausen-Stellvertreter-Syndrom
- (Häusliche) Gewalt zwischen den Eltern

# V. Ursachen und Folgen von Gefährdungen

Auch wenn die Ursachen von Kindesmisshandlung vielfältig sind, gibt es typische Muster, soziale Bedingungen, Beziehungskonstellationen und Krisensituationen, die sich wechselseitig verstärken und als Risikofaktoren an der Entstehung von Gefährdungen beteiligt sind. Der Schweregrad der Folgen für das Kind hängt auch von dessen Resilienz und dem Vorhandensein schützender Faktoren ab.

## Multifaktorielle Ursachen

Gewalt gegen Kinder und andere Formen von Kindeswohlgefährdung sind nicht monokausal erklärbar. Vielmehr handelt es sich um ein vieldimensionales, prozesshaftes Geschehen, an dem in der Regel mehrere Personen beteiligt sind und das in einen familialen, institutionellen und gesellschaftlich-kulturellen Kontext eingebettet ist. Gefährdungen entstehen multifaktoriell. Ihr Auftreten wird durch das Aufeinandertreffen verschiedener Risikofaktoren begünstigt.
Kindesmisshandlung ist nicht allein ein Unterschichtproblem. Sie kommt aber in sozial benachteiligten Milieus aufgrund der größeren psychosozialen Belastung gehäuft vor. Soziale Not verringert die Chance, für ein Kind gut sorgen zu können. Auch kulturelle Anpassungsschwierigkeiten erhöhen das Risiko von Gewalt gegen Kinder, besonders dann, wenn eine mangelnde Verwurzelung in der Herkunftskultur begleitet wird von geringen Chancen der Integration in die Aufnahmekultur. Dabei ist allerdings nicht die Kultur „in sich und aus sich heraus kausal, sondern sie funktioniert in den je gegebenen Konstellationen von Risiko- und protektiven Faktoren" (Korbin 2002, S. 72). Nicht allein die Zugehörigkeit zu einer bestimmten Kultur erhöht also das Risiko von Gewalt, sondern kulturelle Einflüsse werden erst in Kombination mit anderen Faktoren wie zum Beispiel prekären sozialen Verhältnissen oder massiven Integrationsproblemen wirksam.
Trotz vielfältiger und im Einzelfall sehr unterschiedlicher Faktoren, die für Kindesmisshandlung ursächlich sind, gibt es typische Muster, soziale Bedingungen, Beziehungskonstellationen und Krisensituationen, die sich wechselseitig verstärken und als Risikofaktoren an der Entstehung von Gewalt gegen Kinder und anderen Gefährdungen beteiligt sind. Zu unterscheiden sind

- psychosoziale Risikofaktoren,
- elterliche Risikofaktoren,
- auf das Kind bezogene Risikofaktoren und
- auslösende Faktoren.

**Psychosoziale Risikofaktoren**
Zu den psychosozialen Risikofaktoren gehören zum Beispiel Arbeitslosigkeit, finanzielle und materielle Notlagen (sozialer Abstieg), Leistungsdruck bzw. berufliche Probleme, kulturelle Anpassungsschwierigkeiten, soziale Isolation und sehr enge Wohnverhältnisse.

**Elterliche Risikofaktoren**
Elterliche Risikofaktoren sind akute und chronische Belastungen wie Krankheit oder Sucht, Gewalterfahrungen in der eigenen Kindheit und mangelnde Bewältigungsstrategien sowie gravierende Beziehungs- und Partnerkonflikte. Gefährdungen entstehen auch, wenn Eltern einen rigiden Erziehungsstil (z. B. bei vehementer Befürwortung eines elterlichen Züchtigungsrechts) oder einen inkonsistenten Erziehungsstil (z. B. bei unklarer Grenzsetzung oder dem häufigen Wechsel zwischen Verboten und Verwöhnung) verfolgen und wenn sie überhöhte oder unrealistische Erwartungen an das Kind stellen.

**Auf das Kind bezogene Risikofaktoren**
Faktoren, die mit der Geschichte und Konstitution des Kindes zusammenhängen, erhöhen oder verringern das Risiko einer Gefährdung und können dazu führen, dass gerade ein Kind unter mehreren in einer Familie besonders gefährdet ist (Aschenputtel-Syndrom).
Zu den vorgeburtlichen (pränatalen) Risikofaktoren gehören unerwünschte Schwangerschaft, unklare Vaterschaft, geplanter, aber nicht realisierter Schwangerschaftsabbruch, kurz aufeinanderfolgende Schwangerschaften, Risiko-Schwangerschaft, Schwangerschafts-Depression, psychosoziale Krisen während der Schwangerschaft und sehr junge Elternschaft.

**Kindeswohlgefährdungen entstehen multifaktoriell.**

Risiken rund um die Zeit der Geburt (perinatale Risiken) sind Frühgeburt, Missbildung oder Behinderung des Kindes sowie die Trennung von Mutter und Kind nach der Geburt.
Nachgeburtliche (postnatale) Faktoren, die das Risiko von Gewalt gegen das Kind erhöhen, sind kränkelnde Säuglinge, körperlich oder geistig behinderte Kinder, Kinder mit Gedeih- oder Regulationsstörungen (Schrei-, Ess- oder Schlafstörungen) sowie Kinder, die gegenüber der ursprünglichen Erwartung das „falsche" Geschlecht haben.
Auch die Unterbrechung des natürlichen Bindungsaufbaus vor allem in der zweiten Hälfte des ersten und im zweiten Lebensjahr stellt ein Risiko dar.

**Auslösende Faktoren**
Auslösende Faktoren für Misshandlungen sind zumeist Stress- und Krisensituationen, die in psychischer Überforderung gipfeln. Geringfügige Anlässe im Zusammenspiel mit chronischen Belastungen führen zum Zusammenbruch des psychischen Gleichgewichts. In einem Krisenzyklus wird die äußere

Realität überschätzt, die eigenen Handlungsmöglichkeiten werden dagegen unterschätzt. Ein Gefühl der Hilflosigkeit stellt sich ein, das sich in Aggression umwandelt, die sich dann auf Kosten des Kindes entlädt.
Zur offenen Gewalt gegen das Kind kann es typischerweise dann kommen, wenn die nachstehenden Voraussetzungen kumulativ gegeben sind: Ein in der Eltern- oder Pflegeperson vorhandenes Potenzial zur Misshandlung wird in Zusammenhang mit Erinnerungsresten an die in der eigenen Kindheit erlittene Schädigung aktiviert. Dieses aktivierte Potenzial wird durch die Begegnung mit einem ganz bestimmten Kind und durch das Fehlen jedweden stützenden Systems in Folge der eigenen Isolation oder der Unerreichbarkeit von Hilfsdiensten verstärkt und kommt im Zuge einer physischen, psychischen oder im Umfeld liegenden Belastung oder Krise zum Ausbruch (vgl. Helfer et al. 2002, S. 886).

**Manche Folgen halten ein Leben lang an.**

## Folgen für das Kind

Die Folgen einer Gefährdung sind so vielfältig wie die zugrunde liegenden Formen. Ihr Schweregrad hängt unter anderem von der Resilienz (Widerstandsfähigkeit) des Kindes und vom Vorhandensein protektiver (schützender) Faktoren ab. Hierfür ist besonders wichtig, ob im Umfeld des Kindes – innerhalb oder außerhalb der Familie – eine Vertrauensperson vorhanden ist, die das Kind emotional unterstützen kann. Manche Kinder verkraften aufgrund konstitutioneller Faktoren oder biografischer Vorerfahrungen Gefährdungen besser oder schlechter als andere.
Eine wichtige Rolle spielt darüber hinaus, ob das Kind zusätzlich zu der ihm zugefügten Gewalt für die Misshandlung selbst verantwortlich gemacht wird bzw. sich dafür schuldig fühlt, oder ob die Verantwortung eindeutig beim Verursacher liegt. Manche Folgen können vorübergehender Natur sein, andere ein Leben lang anhalten. Besonders bei schweren Formen von Misshandlung betreffen die Folgen in der Regel die gesamte Persönlichkeit des Kindes. Zu unterscheiden sind

- körperliche Verletzungen,
- psychosomatische Störungen,
- intellektuell-kognitive Beeinträchtigungen,
- psychische Störungen,
- unspezifische Beeinträchtigungen und die
- posttraumatische Belastungsstörung.

### Körperliche Verletzungen

Die mit einer Misshandlung verbundenen körperlichen Verletzungen reichen von Narben, Frakturen und organspezifischen Verletzungen über Gedeih- und Wachstumsstörungen bis hin zu Geschlechtskrankheiten und bleibenden Behinderungen.

### Psychosomatische Störungen

Zu den psychosomatischen Störungen gehören unspezifische Kopf- und/oder Bauchschmerzen, Schlafstörungen, nicht organisch bedingtes Einnässen oder Einkoten sowie Ernährungsstörungen (Übergewicht, Adipositas, bei älteren Kindern und Jugendlichen auch Anorexie bzw. Bulimie).

### Intellektuell-kognitive Beeinträchtigungen

Kinder, die Gewalt erfahren, sind häufig auch in ihrer intellektuellen Entwicklung beeinträchtigt. Zu den häufigen Folgen gehören kognitive Entwicklungsrückstände, Lern- und (später) Schulleistungsschwächen, Sprachstörungen und Pseudodebilität.

### Psychische Störungen

Die psychischen Folgen von Gewalt sind vielfältig und beziehen sich auf die gesamte Persönlichkeitsentwicklung des Kindes. In der frühen Kindheit dominieren Verhaltensstörungen (z. B. unkontrollierbare Impulsivität) und Angstsyndrome (z. B. Albträume). Später können allgemeine Persönlichkeitsstörungen, Suchtprobleme, Delinquenz, sexuelle Störungen sowie Depressionen bis hin zur Suizidgefährdung hinzukommen. Nicht zuletzt zeigen sich die seelischen Folgen von Gewalt in einer erhöhten Gewaltbereitschaft des Kindes anderen Menschen gegenüber. Durch den psychischen Mechanismus der Identifikation mit dem Aggressor werden aus gefährdeten später häufig gefährliche Kinder.

### Unspezifische Beeinträchtigungen

Zu den deutlich umrissenen Störungen kommen unspezifische Beeinträchtigungen, unter denen manche Kinder bis weit ins Erwachsenenalter hinein leiden. Hierzu gehören ein schwach ausgebildetes Identitätsgefühl, eine begrenzte Fähigkeit zur Kommunikation (vor allem in Bezug auf die eigenen Gefühle), ein – häufig mit depressiven Verstimmungen einhergehendes – geringes Selbstwertgefühl, die begrenzte Fähigkeit, sich anderen Menschen zuzuwenden (oberflächliche und instabile Beziehungsgestaltung), erhebliche Versagensängste und die mangelnde Bereitschaft zum Versuch (die wiederum die Wahrscheinlichkeit des Versagens erhöht) sowie Schwierigkeiten, mit den üblichen Problemen des täglichen Lebens fertig zu werden.

**Posttraumatische Belastungsstörung**

Die multiplen und vielschichtigen Folgen nach schweren Traumata wie Misshandlung, Vernachlässigung oder sexuellem Missbrauch werden auch mit dem Begriff der Posttraumatischen Belastungsstörung (PTBS) beschrieben. Ein Trauma (Verletzung) ist dadurch gekennzeichnet, dass die dem Individuum zur Verfügung stehenden Bewältigungsmechanismen in Bezug auf den von außen kommenden Angriff versagen. Ein Gefühl des Überwältigtwerdens stellt sich ein, die Kontrolle über die Situation und das psychische Gleichgewicht brechen zusammen. Der Handlungsspielraum ist stark eingeschränkt, die inneren Bilder von sich selbst und von der Welt sind bedroht.
Die Überflutung mit Stressfaktoren führt zu einer affektiven Alarmreaktion, die bei Kindern, die unter einer Posttraumatischen Belastungsstörung leiden, in der Regel eine stark herabgesetzte Reizschwelle gegenüber potenziell bedrohlichen Außensignalen zur Folge hat. Die Kinder sind ständig auf der Hut, aus Angst, erneut Opfer einer Traumatisierung zu werden: Sie „leben permanent wie in einem Horrorfilm. Aus der Atmosphäre von solchen Filmen ist uns bekannt, dass in einer bestimmten, paranoid gefärbten Stimmung bereits Signale wie das Knacken einer Treppenstufe, ein zuschlagendes Fenster, eine Windböe oder ein wehender Vorhang eine akute Stressreaktion auslösen können" (Streeck-Fischer et al. 2001, S. 20).
Weitere mögliche Symptome sind eine Beeinträchtigung der Affektwahrnehmung und Affektdifferenzierung (z. B. können an sich positive Gefühlsbotschaften negativ aufgefasst werden), Impulssteuerungsprobleme wie Jähzorn, überschießende Reaktionen, allgemeine Reizbarkeit sowie Selbstentfremdung und Dissoziation. Dabei gilt Dissoziation als ein „komplexer psycho-physiologischer Prozess, bei dem es zur teilweisen oder völligen Desintegration psychischer Funktionen kommen kann. Erinnerungen an die Vergangenheit, unmittelbare Empfindungen, Wahrnehmungen des Selbst und der Umgebung werden in ihrer Bewusstmachung beeinträchtigt. (...) Diese Selbstentfremdung, die durch die Aufspaltung des Selbst in einen distanzierten Beobachter und einen Akteur gekennzeichnet ist, kann auch noch nach dem Entkommen aus der traumatischen Situation fortgesetzt anhalten" (Resch 2001, S. 110). Gemeinsam ist den beschriebenen Symptomen, dass sie eine sinnvolle („normale") Reaktion auf eine in hohem Maße schädigende („unnormale") Umwelt darstellen.
Eine einmalige und akute Traumatisierung (Typ-1-Trauma: z. B. ein Schädel-Hirn-Trauma infolge einer körperlichen Misshandlung oder der einmalige sexuelle Missbrauch durch eine dem Kind fremde Person) kann dabei von chronisch wiederkehrenden Traumatisierungen (Typ-2-Trauma: z. B. eine lang andauernde Vernachlässigung oder der wiederholte sexuelle Missbrauch durch eine dem Kind nahe stehende Person) unterschieden werden. Die seelischen Folgen eines Traumas nach Typ 2 sind meist weitaus schwerwiegender. Während die akute und einmalige Traumatisierung mit vollständiger Erinnerung bei möglichen Wahrnehmungsverzerrungen einhergeht, kommt es bei einer chronisch wiederkehrenden Traumatisierung zu Erinnerungsverlust, Verleugnung und psychischer Betäubung.
Da das Erleben eines Traumas stark subjektiv geprägt ist (u. a. ist es abhängig von den Vorerfahrungen) und weil die (sozialen) Folgen sehr unterschiedlich sein können, ist es irreführend, den Schweregrad der Traumatisierung für ein Individuum allein an der Intensität des auslösenden Ereignisses festzumachen: „Es gibt also einen hohen Anteil an Eigenbeteiligung des Traumatisierten, nicht nur in Bezug auf die Erlebnisbereitschaft oder die Bereitschaft, ein unangenehmes Erlebnis überhaupt mitzuteilen, sondern auch im Sinne eines aktiven Sichaussetzens gegenüber bestimmten Risikokonstellationen" (Resch 2001, S. 109). Bekannt ist zum Beispiel, dass misshandelte Kinder das ihnen zugefügte Leid an anderen Orten unbewusst re-inszenieren und dadurch Gefahr laufen, erneut misshandelt zu werden, ohne dass ihnen dabei allerdings eine Mitverantwortung oder gar Mitschuld für die Misshandlung angelastet werden darf.

**Aus gefährdeten Kindern werden später häufig gefährliche Kinder.**

# VI. Hilfen bei Kindeswohlgefährdung

Die KiTa ist verpflichtet, ihren gesetzlichen Schutzauftrag wahrzunehmen. Hierfür sind bei gewichtigen Anzeichen für eine Kindeswohlgefährdung bestimmte Schritte erforderlich. Zugleich gilt es, professionelle Gespräche mit betroffenen Kindern und Eltern zu führen, mit anderen Diensten und Einrichtungen zu kooperieren und Prävention in den pädagogischen Alltag zu integrieren.

## Professionelle Intervention

Die Gefährdung des Wohls eines Kindes kann bei Erzieherinnen heftige Gefühle von Wut, Angst und nicht selten Hilflosigkeit auslösen. Es entsteht das Bedürfnis, ein Kind schnell retten zu wollen. Da durch blinden Aktionismus jedoch weiterer Schaden zugefügt werden kann und jede Handlung oder Unterlassung mit gravierenden Folgen für Kind und Eltern verbunden ist, sind für pädagogische Fachkräfte in einer solchen Situation ruhige Überlegung, kollegialer Rat, interdisziplinärer Austausch sowie planmäßiges und abgestimmtes Vorgehen unerlässlich. Im Mittelpunkt jeder Intervention steht die psychosoziale Hilfe und gegebenenfalls medizinische Versorgung für das betroffene Kind. Daneben benötigen die einzelnen Familienmitglieder und die Familie insgesamt Hilfe und Unterstützung. Manchmal müssen zum Schutz des Kindes zivilrechtliche Maßnahmen (z. B. eine Einschränkung des Sorgerechts nach § 1666 BGB) in Betracht gezogen werden. In wenigen besonders schweren Fällen ist außerdem eine strafrechtliche Verfolgung angezeigt (vgl. auch Abschnitt „Wann ist eine Strafanzeige sinnvoll?").

Die hier angegebenen Interventionslinien zeigen bereits, dass beim Umgang mit Kindeswohlgefährdungen eine große Zahl von Berufsgruppen mit sehr unterschiedlicher Zielsetzung beteiligt sein kann (vgl. auch Kapitel „Kooperation mit anderen Diensten und Einrichtungen"). Unabdingbar sind daher eine professionelle Koordination (Case Management) sowie – entsprechend den unterschiedlichen Aufgaben – eine klare Abgrenzung, aber auch die Kooperation der verschiedenen Professionen. Bewährt haben sich die Etablierung multidisziplinärer Kinderschutz-Teams und die Orientierung an „Gewalt-Leitfäden", in denen die Kompetenzen und Ansprechpartner der unterschiedlichen Berufsgruppen in einer Region aufgeführt sind.

Für alle Beteiligten besonders wichtig ist eine eindeutige Unterscheidbarkeit zwischen denjenigen Interventionen, die auf Hilfe bzw. Behandlung und denjenigen, die im strafrechtlichen Sinne auf Verfolgung und Verurteilung des Täters hin orientiert sind. Eine Vermischung dieser grundsätzlich verschiedenen Ziele (z. B. wenn das Jugendamt oder die KiTa sich „kriminalistisch" betätigen oder ein Staatsanwalt über therapeutische Maßnahmen urteilt) führt zu Verwirrung und unprofessioneller Grenzüberschreitung.

Eine Anzeigepflicht bei Kindeswohlgefährdung gegenüber Polizei oder Justiz existiert nicht. Allerdings besteht die – auch strafrechtlich relevante – Verpflichtung, ein Kind vor weiterem Schaden zu bewahren. Bedacht werden muss, dass diejenige Person, die sich zu einer Strafanzeige entschließt, in der Regel nicht weiter hilfeorientiert tätig sein kann, weil die Familie dies kaum zulassen wird. Eine einmal erstattete Anzeige kann nicht zurückgezogen werden, da Kindesmisshandlung als Offizialdelikt gilt und Polizei und Staatsanwaltschaft von sich aus jedem Hinweis nachgehen müssen.

Ausgangspunkt eines hilfeorientierten Vorgehens durch das Jugendamt oder andere Träger von Einrichtungen und Diensten der Kinder- und Jugendhilfe (darunter Kindertageseinrichtungen) ist das Recht des Kindes auf gewaltfreie Erziehung und auf die Gewährleistung von Mindestbedingungen in körperlicher, seelischer, intellektueller und moralischer Hinsicht. Der Schutz des Kindes vor einer Gefährdung dieser minimalen Ansprüche hat Vorrang vor anderen Überlegungen und muss notfalls durch eine familiengerichtliche Entscheidung auch gegen den Willen der Eltern bzw. Sorgeberechtigten durchgesetzt werden. Zugleich machen es die Grund- und Freiheitsrechte der Familie und ihrer einzelnen Mitglieder erforderlich, das Prinzip der Freiwilligkeit der Hilfe so weit wie möglich aufrechtzuerhalten. Soweit dies mit den Rechten des Kindes vereinbar ist, sollte die Integrität und der Schutz der Privatsphäre der Familie erhalten bleiben. Eine in manchen Fällen zur Sicherung des Kindeswohls notwendige Aufkündigung des Prinzips der Freiwilligkeit sollte der Familie gegenüber offen angekündigt und sachlich begründet werden.

**Unerlässlich ist eine professionelle Koordination der Hilfen.**

Wenn die Eltern nicht gewillt oder in der Lage sind, ihr Kind ausreichend vor Gefahren für sein Wohl zu schützen und Hilfen nicht angenommen werden oder erfolglos sind, stellt § 1666 BGB die zentrale Norm dar, nach der Kinderschutz notfalls gegen den Willen der Eltern gewährt werden kann und muss.

**Die KiTa muss ihren Schutzauftrag wahrnehmen.**

Voraussetzung dafür ist, dass eine Gefährdung des Kindeswohls vorliegt. Das Gesetz unterscheidet fünf Konstellationen, bei deren Vorliegen eine Eingriffsmöglichkeit durch das Familiengericht gegeben ist:

- missbräuchliche Ausübung der elterlichen Sorge,
- Vernachlässigung des Kindes,
- unverschuldetes Versagen der Eltern,
- das Verhalten eines Dritten,
- mangelnder Wille oder mangelnde Fähigkeit der Eltern zur Gefahrenabwendung.

Der Maßstab für die Beurteilung, ob ein solcher Tatbestand gegeben ist, darf sich dabei nicht an optimalen Erziehungsstandards ausrichten, sondern an allgemeinen Mindestanforderungen.

**Bewertungsprozesse**

Sofern gewichtige Anhaltspunkte für eine Kindeswohlgefährdung vorliegen, ist eine Risikoabschätzung vorzunehmen. Wichtige Faktoren, die in eine solche Risikomatrix eingehen sollten, sind:

- elterliche Kompetenz,
- psychische Gesundheit der Eltern,
- Eltern-Kind-Interaktion (einschließlich Art und Qualität des Bindungsverhaltens),
- Faktoren, die mit dem Misshandlungsgeschehen selbst zu tun haben (z. B. Grad der Wiederholungsgefahr),
- Faktoren, die mit der Person des Kindes zu tun haben (Verhältnis von Risiko- und Schutzfaktoren),
- Bereitschaft der Eltern, Hilfe anzunehmen (Problem- und Hilfeakzeptanz),
- Stabilität der Familienbeziehungen und des sozialen Umfelds.

Ziel der Risikoabschätzung ist eine Entscheidung darüber, ob es sich in dem gegebenen Fall um eine bloße „Nicht-Gewährleistung einer dem Wohl des Kindes oder Jugendlichen entsprechenden Erziehung" (§ 27 SGB VIII) handelt oder ob eine „Gefährdung des Kindeswohls" (§§ 8a SGB VIII, 1666 BGB) vorliegt.

**Nicht-Gewährleistung des Kindeswohls**

Wenn eine dem Wohl des Kindes entsprechende Erziehung nicht gewährleistet ist, aber (noch) keine Kindeswohlgefährdung vorliegt, haben die Eltern des Kindes gemäß § 27 Abs. 1 SGB VIII Anspruch auf Hilfe zur Erziehung. Welche Hilfe (z. B. Erziehungsberatung, Sozialpädagogische Familienhilfe, Vollzeitpflege oder Heimerziehung) geeignet und notwendig ist, entscheidet das Jugendamt im Zusammenwirken mit Eltern und Kind.
Sind die Eltern nicht bereit, Hilfe anzunehmen, obwohl sie darauf Anspruch haben, so bleibt nur die Möglichkeit, sie wiederholt zur Annahme von Hilfen zu motivieren. Eine (gerichtliche) Intervention gegen den Willen der Eltern ist ausgeschlossen, da das Wohl des Kindes nicht gefährdet ist.

**Gefährdung des Kindeswohls**

Auch wenn die Risikoabschätzung zu dem Ergebnis kommt, dass das Wohl des Kindes gefährdet ist, haben die Eltern gemäß § 27 Abs. 1 SGB VIII Anspruch auf Hilfe zur Erziehung. Allerdings liegt die Entscheidung über die Annahme von Hilfe in diesem Fall nicht mehr im Belieben der Eltern. Wenn die Eltern angebotene Hilfe nicht annehmen wollen oder können, obwohl das Wohl des Kindes gefährdet ist, ist eine familiengerichtliche Intervention gemäß § 1666 BGB erforderlich. Das Familiengericht kann Gebote oder Verbote aussprechen oder das Sorgerecht einschränken bzw. entziehen. In diesem Fall handelt es sich also um Hilfe in einem Zwangskontext.

## Was muss die KiTa tun?

Gemäß § 8a Abs. 2 SGB VIII gehört es zu den Pflichtaufgaben von Kindertageseinrichtungen, den Schutzauftrag „in entsprechender Weise" wahrzunehmen. Die Formulierung „in entsprechender Weise" bezieht sich vor allem auf die in § 8a Abs. 1 SGB VIII dargestellte Pflicht, „gewichtige Anhaltspunkte für die Gefährdung des Wohls eines Kindes" zu erkennen und das „Gefährdungsrisiko im Zusammenwirken mehrerer Fachkräfte abzuschätzen" (vgl. Abschnitt „Bewertungsprozesse"). In § 8a Abs. 2 SGB VIII werden die Erzieherinnen darüber hinaus verpflichtet, „bei der Abschätzung des Gefährdungsrisikos eine insofern erfahrene Fachkraft hinzuzuziehen". Falls nach einer solchen Risikoabschätzung Hilfen für erforderlich gehalten werden, muss die

Einrichtung „bei den Personensorgeberechtigten oder den Erziehungsberechtigten auf die Inanspruchnahme von Hilfen hinwirken (…) und das Jugendamt informieren, falls die angenommenen Hilfen nicht ausreichend erscheinen, um die Gefährdung abzuwenden".
Sämtliche den Schutzauftrag bei Kindeswohlgefährdung betreffende Regelungen sind in einer schriftlichen Vereinbarung zwischen der Kindertageseinrichtung und dem zuständigen Jugendamt niederzulegen. Diese Vereinbarung sollte insbesondere enthalten:

- Verfahrensabläufe gemäß § 8a SGB VIII,
- Regelungen zur Erhebung, Verwendung und zum Schutz von Sozialdaten gemäß §§ 61 ff. SGB VIII, durch die unter anderem sichergestellt wird, dass der Datenschutz dem Schutz des Kindes nicht entgegensteht und diesen nicht behindern darf,
- Regelungen zur Eignung von in der Kindertageseinrichtung tätigem Personal gemäß § 72a SGB VIII, um zu gewährleisten, dass keine Personen beschäftigt werden, die wegen bestimmter Straftaten mit Kindesbezug verurteilt worden sind.

Der Vereinbarung sollte eine Liste mit den Namen und Adressen der insofern erfahrenen Fachkräfte beigefügt werden.

**Erkennen einer Gefährdung**
Der Gesetzgeber verlangt von den in Kindertageseinrichtungen tätigen Fachkräften, dass sie in der Lage sind, gewichtige Anhaltspunkte für eine Kindeswohlgefährdung zu erkennen. Es sollen also nicht nur bereits eingetretene Schädigungen eines Kindes erkannt werden, sondern es geht ebenso darum, präventiv Gefährdungen wahrzunehmen, um rechtzeitig Hilfen anbieten zu können. Um diesen Anforderungen zu entsprechen, dürften in zahlreichen Fällen zusätzliche Fortbildungen für die Erzieherinnen erforderlich sein.

**Gespräch im Team und mit der Leitung**
Für den Umgang mit Kindeswohlgefährdungen gilt das Vier-Augen-Prinzip, das heißt, an den Entscheidungen müssen mindestens zwei Fachkräfte beteiligt sein, darunter in der Regel die Leiterin. Noch besser ist ein Gespräch im Team – unter Einbeziehung der Leitung –, in dem die Beobachtungen von mehreren Seiten zusammengetragen werden und eine erste Einschätzung der Situation erfolgen kann. Je nach Situation sollte der kollegiale Austausch zeitnah, bei Bedarf noch am selben Tag erfolgen.

**Hinzuziehen einer „insofern erfahrenen Fachkraft"**
Da nicht erwartet werden kann, dass Erzieherinnen mit Fällen von Verdacht auf Kindeswohlgefährdung immer professionell oder sogar routiniert umgehen können, hat der Gesetzgeber die Einrichtungen verpflichtet, in diesen Fällen eine insofern (in Sachen Kindeswohlgefährdung) erfahrene Fachkraft hinzuzuziehen. Diese Fachkraft kann sowohl von Seiten des Trägers als auch von außerhalb (z. B. aus einer Erziehungsberatungsstelle oder vom Jugendamt) gestellt werden. Die insofern erfahrene Fachkraft ist ausschließlich beratend tätig und übernimmt keine Fallverantwortung. Auch die Dokumentation des Falls erfolgt nicht durch die Fachkraft, sondern bleibt Aufgabe der Kindertageseinrichtung.

Zentral: § 8a SGB VIII

Wenn die beratende Fachkraft Mitarbeiter/in des Jugendamts ist, sollte die Beratung ohne Namensnennung des betroffenen Kindes und seiner Familie – das heißt, pseudonymisiert oder anonymisiert – erfolgen, um die Familie nicht vorschnell und ohne deren Kenntnis dem Jugendamt zu melden. Nicht jede insofern erfahrene Fachkraft verfügt über Erfahrungen mit sämtlichen Formen von Kindeswohlgefährdung. Während manche Fachkräfte viel Erfahrung im Umgang mit körperlicher Gewalt haben, ist dies bei anderen im Bereich des sexuellen Missbrauchs oder im Umgang mit suchtbelasteten Familien der Fall. Es empfiehlt sich daher, bereits bei der Auswahl einer insofern erfahrenen Fachkraft auf die Besonderheiten der jeweiligen Gefährdung zu achten.

**Die insofern erfahrene Fachkraft übernimmt keine Fallverantwortung.**

**Hinwirkung auf die Inanspruchnahme von Hilfen**
In vielen Fällen können Eltern frühzeitig oder auch im Anschluss an eine Kindesmisshandlung erfolgreich für die Inanspruchnahme von Hilfen motiviert werden. Die KiTa als niederschwellige, den Eltern aus dem Alltag vertraute Einrichtung ist hierfür besonders geeignet. Ihr kommt eine wichtige Lotsenfunktion zu, um Eltern den Zugang zu geeigneten Hilfsangeboten zu eröffnen. Dies setzt voraus, dass die Erzieherinnen und besonders die Leiterin die in der Region vorhandenen Hilfsangebote möglichst aus eigener Anschauung kennen und den Eltern entsprechende Adressen bzw. Ansprechpersonen vermitteln können. Besonders wenn die Eltern von sich aus eine Kontaktaufnahme scheuen, kann es sinnvoll sein, ein erstes Gespräch gemeinsam mit der vermittelten Stelle oder Einrichtung zu führen. Neben der Anbahnung von Hilfen gehört es zu den Aufgaben der Kindertageseinrichtung, festzustellen, ob die angenommenen Hilfen ausreichend erscheinen, um die Gefährdung des Kindes abzuwenden. Hierfür bedarf es verbindlicher (in der Regel schriftlicher) Absprachen zwischen den Eltern, der KiTa und den Hilfe leistenden Diensten oder Einrichtungen, in denen die Verfahrensweise einer wechselseitigen Rückmeldung festgelegt ist. Eine solche schriftliche Vereinbarung könnte zum Beispiel wie folgt lauten: „Die Beteiligten vereinbaren, dass der Hilfe leistende Dienst der Kindertageseinrichtung alle zwei Monate mitteilt, ob die Hilfe in Anspruch genommen wird. Eine Mitteilung erfolgt auch, wenn die Hilfe nicht ausreicht, um bestehende Gefährdungen für das Kind abzuwenden."

**Die KiTa muss prüfen, ob die angenommenen Hilfen ausreichen.**

**Meldung an das Jugendamt in bestimmten Fällen**
Wenn Eltern eine für erforderlich gehaltene Hilfe ablehnen oder die von ihnen angenommenen Hilfen nicht ausreichend erscheinen, um die Gefährdung des Kindes abzuwenden, muss die Kindertageseinrichtung das Jugendamt informieren. Um nicht eine Herausnahme des Kindes aus der Einrichtung zu provozieren, sollte eine solche Information möglichst nicht hinter dem Rücken der Eltern, sondern in einem gemeinsamen Gespräch zwischen Eltern, Jugendamt und KiTa-Leitung erfolgen. Ein solches Gespräch an einem Tisch ist am besten geeignet, den MitarbeiterInnen des Jugendamts – falls erforderlich, mit Unterstützung des Familiengerichts – doch noch Wege der Hilfe für Kind und Eltern zu eröffnen. Wenn die Eltern allerdings zu einem solchen gemeinsamen Gespräch nicht bereit oder in der Lage sind, muss das Jugendamt auch ohne Zustimmung der Eltern informiert werden.

**Handeln in akuten Krisensituationen**
Wenn eine dringende Gefahr für das Wohl eines Kindes besteht, kommt eine Inobhutnahme nach § 42 Abs. 1 SGB VIII, zum Beispiel in einem Kindernotdienst oder einer Bereitschaftspflegestelle, in Betracht. Die Inobhutnahme kann nur durch das Jugendamt erfolgen – notfalls auch gegen den Willen der Eltern, sofern eine familiengerichtliche Entscheidung nicht rechtzeitig herbeigeführt werden kann. Falls das Kind körperlich verletzt wurde, ist auch zu klären, ob eine medizinische Untersuchung und differenzialdiagnostische Abklärung oder gegebenenfalls ein stationärer Klinikaufenthalt des Kindes erforderlich ist. Über die eventuelle Fortführung der Inobhutnahme muss zeitnah das zuständige Familiengericht entscheiden; es sei denn, die Eltern stimmen von sich aus einer weiterhin notwendigen Unterbringung des Kindes zu.

**Wann ist eine Strafanzeige sinnvoll?**
In bestimmten Fällen sollte, nach sorgfältiger Abwägung und möglichst nach vorheriger Abstimmung mit dem Jugendamt, eine Strafanzeige erfolgen. Dies kommt vor allem in schweren Fällen von Misshandlung in Betracht, wenn der vermutete Täter bzw. die Täterin nicht aus dem Kreis der Familie stammt (sogenannte Fremdtäter) oder wenn trotz offensichtlicher schwerer innerfamiliärer Misshandlung kein Familienmitglied bereit ist, die Verantwortung dafür zu übernehmen.

**Hilfen bei Kindeswohlgefährdung – Was pädagogische Fachkräfte beachten sollten**

- Wenn Sie aufgrund von körperlichen Spuren oder des Verhaltens eines Kindes Anzeichen für eine Kindeswohlgefährdung erkennen oder das Kind Ihnen von Gefährdungen berichtet, nehmen Sie Ihre Beobachtungen bzw. die Äußerungen des Kindes ernst, aber dramatisieren Sie sie nicht. Hören Sie dem Kind aufmerksam zu, aber stellen Sie ihm keine bohrenden Fragen und legen Sie ihm Ihre Vermutungen nicht in den Mund.
- Suchen Sie zeitnah (je nach Situation noch am selben Tag) das kollegiale Gespräch, auch mit der Leiterin. In diesem Gespräch kann eine erste Einschätzung erfolgen und das weitere Vorgehen abgesprochen werden.
- Sofern sich die Anhaltspunkte für eine Kindeswohlgefährdung verdichten, bitten Sie als Leiterin eine „insofern erfahrene Fachkraft" zu einem Gespräch. Nehmen Sie mit ihrer Unterstützung eine Risikoabschätzung vor und planen Sie das weitere Vorgehen.
- Laden Sie als Leiterin die Eltern zeitnah zu einem Gespräch ein, in dem Sie – zusammen mit der für das Kind zuständigen Erzieherin – Ihre Beobachtungen und Sorgen mitteilen, die Sichtweise der Eltern anhören und bei den Eltern gegebenenfalls auf die Inanspruchnahme geeigneter Hilfen hinwirken.
- Eine allgemeine Meldepflicht gegenüber dem Jugendamt besteht nicht. Wenn die Eltern jedoch keine Hilfe annehmen oder die angenommenen Hilfen nicht ausreichend erscheinen, um eine bestehende Gefährdung abzuwenden, ist es Ihre Aufgabe, das Jugendamt zu informieren. Die Eltern sollten darüber möglichst vorab in Kenntnis gesetzt werden – es sei denn, dies erhöht die Gefahr für das Kind.
- Eine Strafanzeige ist nur in seltenen Fällen und nur nach sorgfältiger Abwägung sinnvoll. Sie sollten sie dann in Betracht ziehen, wenn bei einer schweren Misshandlung ein Fremdtäter in Frage kommt oder niemand in der Familie die Verantwortung für das Geschehen übernimmt. Eine Anzeigepflicht besteht nicht.
- Dokumentieren Sie sämtliche Handlungsschritte und Gesprächsergebnisse sorgfältig.

## Kooperation mit anderen Diensten und Einrichtungen

Wenn bei gewichtigen Anzeichen für eine Kindeswohlgefährdung die Eltern und die Kindertageseinrichtung allein nicht in der Lage sind, die Gefährdung abzuwenden, ist die Zusammenarbeit mit anderen Diensten und Einrichtungen erforderlich. Normalerweise erfolgt dies in Absprache und mit Zustimmung der Eltern. Falls sich die Eltern allerdings trotz bestehender Anzeichen für eine Gefährdung einer Kooperation mit anderen Diensten oder Einrichtungen verweigern, ist die Kindertageseinrichtung verpflichtet, das Jugendamt – nicht jedoch andere Dienste und Einrichtungen – auch ohne Zustimmung der Eltern einzubeziehen.

**Jugendamt**

Als Träger des staatlichen Wächteramtes hat das Jugendamt im Rahmen seiner sogenannten Garantenpflicht den Schutzauftrag bei Kindeswohlgefährdung in besonderer Weise wahrzunehmen. Zu den Aufgaben des Jugendamtes gemäß § 8a Abs. 1 SGB VIII gehört es, allen ihm bekannt werdenden Anhaltspunkten für die Gefährdung des Wohls eines Kindes nachzugehen und das Gefährdungsrisiko im Zusammenwirken mehrerer Fachkräfte nach professionellen Standards abzuschätzen. Bei der Abschätzung des Gefährdungsrisikos hat das Jugendamt die Eltern und das Kind einzubeziehen, es sei denn, der Schutz des Kindes wird dadurch infrage gestellt. Sofern Hilfen zur Abwendung der Gefährdung geeignet und notwendig erscheinen, hat es diese den Eltern anzubieten.

**Das Jugendamt ist Träger des staatlichen Wächteramtes.**

Weiterhin muss das Jugendamt nach § 8a Abs. 2 SGB VIII mit den Trägern von Einrichtungen und Diensten der Kinder- und Jugendhilfe – darunter Kindertageseinrichtungen – Vereinbarungen abschließen, damit diese den Schutzauftrag „in entsprechender Weise" wahrnehmen.

Wenn das Jugendamt das Tätigwerden des Familiengerichts für erforderlich hält, so hat es dieses anzurufen. Dies gilt auch für den Fall, dass die Eltern nicht bereit oder in der Lage sind, bei der Abschätzung des

Gefährdungsrisikos mitzuwirken, das heißt, wenn dem Jugendamt „die Tür verschlossen bleibt“. Sofern eine dringende Gefahr für ein Kind besteht und eine Entscheidung des Gerichts nicht abgewartet werden kann, muss das Jugendamt das Kind in Obhut nehmen (§ 8a Abs. 3 SGB VIII).
Schließlich gehört es gemäß § 8a Abs. 4 SGB VIII zu den Aufgaben des Jugendamts, mit anderen Diensten und Einrichtungen der Kinder- und Jugendhilfe, mit Einrichtungen der Gesundheitshilfe und mit der Polizei – notfalls auch ohne Zustimmung der Eltern – zusammenzuarbeiten, wenn dies zur Abwendung einer Gefährdung erforderlich ist.

Kooperation ist notwendig

**Kinder- und Jugendgesundheitsdienst**
Der Kinder- und Jugendgesundheitsdienst (KJGD) ist eine Abteilung oder ein Sachgebiet der (kommunalen) Gesundheitsbehörden bzw. des Gesundheitsamtes und insofern Teil des Öffentlichen Gesundheitsdienstes. Zu den Aufgaben des KJGD gehören Untersuchungen und Beratungen in Kindertageseinrichtungen, darunter die Schuleingangs- bzw. Vorschuluntersuchungen. Die im KJGD tätigen Fachkräfte (KinderärztInnen und ArzthelferInnen) sind untersuchend und beratend, nicht jedoch therapeutisch tätig. Im Bereich des Kinderschutzes können sie beratend hinzugezogen werden, soweit medizinische Fragen (z. B. zum körperlichen Entwicklungsstand eines Kindes) auftreten.

**Erziehungsberatungsstellen**
Erziehungsberatung ist gemäß § 28 SGB VIII eine Leistung der Kinder- und Jugendhilfe im Kontext der Hilfen zur Erziehung. Sie richtet sich an Kinder und deren Eltern und hat das Ziel, individuelle und familienbezogene Probleme zu klären und zu bewältigen. Erziehungsberatung kann von Kindern und ihren Eltern bei Beratungsstellen direkt in Anspruch genommen oder im Rahmen eines Hilfeplanverfahrens vom Jugendamt als geeignete Hilfe vermittelt werden. Als Hilfe zur Erziehung setzt Erziehungsberatung die Feststellung eines erzieherischen Bedarfs gemäß § 27 SGB VIII voraus, der die Notwendigkeit der Hilfeleistung begründet. Die Inanspruchnahme von Erziehungsberatung erfolgt freiwillig, ist kostenlos und vertraulich.

**Familiengericht**
Das Familiengericht ist Teil des Amtsgerichts. Es ist unter anderem zuständig für die im Zusammenhang mit einer Scheidung zu regelnden Angelegenheiten, für den Entzug oder die Einschränkung der elterlichen Sorge und für die Erteilung von Geboten oder Verboten, wenn Eltern ihren Erziehungspflichten schuldhaft oder auch unverschuldet nicht nachkommen. Jede Person oder Institution, die eine Gefährdung des Wohls eines Kindes vermutet, kann sich an das Familiengericht wenden. In der Praxis wird das Familiengericht bei gewichtigen Anzeichen für eine Kindeswohlgefährdung vor allem von den Jugendämtern angerufen, wenn angebotene Hilfen nicht in Anspruch genommen werden oder nicht ausreichen, um der Gefährdung wirkungsvoll zu begegnen.

**KinderärztInnen und Kliniken**
Zu den Aufgaben der niedergelassenen bzw. in einer Klinik tätigen FachärztInnen für Kinder- und Jugendmedizin gehören Prävention, Beratung, Diagnostik, Behandlung und Rehabilitation. Die Diagnostik und Behandlung körperlicher Fol-

gen von Gewalt gegen Kinder ist Bestandteil des Aufgabenspektrums. Normalerweise erfolgt das Aufsuchen eines Kinderarztes durch die Eltern. In akuten Notsituationen, die keinen Aufschub dulden, und wenn die Eltern nicht erreichbar sind, können Erzieherinnen sich direkt an einen Kinderarzt bzw. eine Klinik wenden. Die Eltern müssen dann baldmöglichst darüber informiert werden.

**Polizei**

Aufgaben der Polizei sind Gefahrenabwehr und Strafverfolgung. Im Bereich des Kinderschutzes spielt die Polizei in akuten oder unmittelbar zu erwartenden Gefahrensituationen eine wichtige Rolle; zum Beispiel wenn sich ein sehr junges Kind offensichtlich alleine in einer Wohnung befindet und dadurch Gefahren ausgesetzt ist, oder wenn ein stark alkoholisierter Elternteil ankündigt, sein Kind im Auto zu befördern.
Bei der Entscheidung, die Polizei zu informieren, ist zu beachten, dass diese nach dem sogenannten Legalitätsprinzip zur Ermittlung und Weitergabe von Angaben an die Staatsanwaltschaft verpflichtet ist, sobald Anzeichen für einen Straftatbestand wie zum Beispiel die Verletzung der Fürsorge- oder Erziehungspflicht gemäß § 171 Strafgesetzbuch (StGB) oder die Misshandlung von Schutzbefohlenen gemäß § 225 StGB erkennbar sind.

## Gesprächsführung mit betroffenen Kindern

Kinder, denen Gewalt angetan wurde oder die aus anderen Gründen unter der familiären Situation leiden, befinden sich in einer schwierigen Situation. Einerseits benötigen sie einfühlsame Erwachsene, denen sie sich mitteilen können, bei denen sie Trost und Verständnis finden und die dazu beitragen, ihre Lage zu verbessern. Andererseits versuchen sie genau dies zu vermeiden, um nicht die Loyalität gegenüber ihrer Familie aufzugeben, ihre wichtigsten Bezugspersonen zu „verraten" und sich gegen die eigenen Eltern zu stellen. Gerade wenn die Kinder noch jung sind, fühlen sie sich in der Regel schuldig für das, was ihnen angetan wurde: „Wie schlecht muss ich sein, dass meine Eltern mich so behandeln", lautet ihre Schlussfolgerung.
Aufgabe von Erzieherinnen in KiTas ist es, die Signale gefährdeter Kinder ernst zu nehmen, ihren verbalen und nonverbalen Äußerungen Glauben zu schenken und ihnen verständlich zu machen, dass die Einrichtung daran mitwirkt, die Gefährdung zu beenden. Dabei geht es nicht darum, beim Kind auf kriminalistische Weise nachzufragen oder gar Anteile für schuldhaftes Verhalten zu ermitteln. Ziel der Gespräche mit Kindern in Gefährdungssituationen ist vielmehr, die Kinder zu entlasten, ein möglichst genaues Bild ihrer Situation zu erhalten und dadurch eine gute Grundlage für die Gespräche mit den Eltern zu bekommen, um auf diese Weise Hilfen zu ermöglichen.
In entspannten, Schutz bietenden Situationen sind Kinder erstaunlich gut in der Lage, unbefangen über belastende Erlebnisse zu sprechen, die bei ihnen Gefühle wie Angst, Wut, Hilflosigkeit oder Trauer auslösen. Wichtig hierbei ist, dass die Erzieherinnen selbst offen für diese Themen sind und nicht eigene Ängste den Zugang erschweren. Die Psychologin Martine Delfos vermutet, dass Erwachsene oft die Fähigkeit von Kindern unterschätzen, über problematische Ereignisse zu reden: „Das liegt vermutlich an ihren eigenen Schwierigkeiten, über schmerzhafte Themen zu sprechen. Sie projizieren ihre eigenen Schwierigkeiten auf das Kind. Kinder dagegen sind oft unbefangen und bereit, ganz frei über emotionale Themen zu sprechen, sobald sie merken, dass ein Erwachsener dem offen gegenübersteht" (Delfos 2004, S. 123).

**Erstes Ziel des Gesprächs ist es, das Kind zu entlasten.**

Auf den ersten Blick mag erstaunen, dass Kinder sich mit wichtigen Anliegen nicht immer an die für sie zuständige Bezugserzieherin wenden, sondern zum Beispiel an eine in einer anderen Gruppe tätige Kollegin. Einmal davon abgesehen, dass sich Sympathie und Vertrauen nicht nach Zuständigkeit verteilen, kann hierbei eine Rolle spielen, dass das Kind „seine" Erzieherin vor Belastungen schützen möchte und eher bereit ist, einer weiter entfernten Person von sich zu erzählen. Damit wichtige Äußerungen des Kindes auch außerhalb der eigenen Gruppe nicht verloren gehen, ist ein beständiger Austausch im Gesamtteam der Einrichtung unabdingbar.

**Erwartungen an Erzieherinnen**

Kinder, die von emotional belastenden Erlebnissen berichten, erwarten von ihren Erzieherinnen, dass diese

- aufmerksam zuhören und Interesse an ihren Erfahrungen und Sichtweisen zeigen,
- nachfragen, wenn etwas nicht verständlich geworden ist,
- signalisieren (nonverbal und verbal), dass sie verstanden werden,
- ihre Themen aufgreifen, ohne dabei zu sehr in sie einzudringen,
- respektieren, wenn sie über ein bestimmtes Thema nicht weiter sprechen möchten,
- sie nicht vor den anderen Kindern bloßstellen,
- Stellung nehmen zu Fragen von Recht und Unrecht (z. B. „Gewalt ist tabu") und die für alle Menschen geltenden Grundrechte vertreten,
- ihnen Unterstützung anbieten, um mit schwierigen Situationen umgehen zu können.

**Kindgerechte Kommunikation**

Eine kindgerechte Kommunikation baut auf den Dialog zwischen Kind und Erzieherin. Dem Kind wird gezeigt, dass es mit seinen Äußerungen ernst genommen und in Konfliktsituationen unterstützt wird. Altersgerechte Kommunikation berücksichtigt das Ausdrucks- bzw. Symbolisierungsvermögen des Kindes, den Stand seines Wissens, die persönliche Aufmerksamkeitsspanne sowie emotionale Aspekte. Besonders bei Gesprächen mit jungen Kindern sollten die folgenden Gesichtspunkte beachtet werden (vgl. Delfos 2004, S. 98):

**Das Spiegeln der kindlichen Äußerungen signalisiert Verständnis und Unterstützung.**

- Dafür sorgen, dass das Kind sich wohlfühlt. Auf körperliche Signale eingehen (z. B. nicht zu lange still sitzen). Nicht länger als 10 bis 15 Minuten sprechen.
- Die Augenhöhe des Kindes einnehmen und es immer wieder anschauen, während man spricht. Blickkontakt herstellen, diesen aber auch unterbrechen (Raum für Rückzug geben).
- Reden mit Spielen kombinieren (aus einer Spielhandlung in ein Gespräch kommen).
- Metakommunikation nutzen, d. h. das kommunikative Geschehen zwischenzeitlich aus der Sicht eines Beobachters kommentieren (z. B. „Ich merke, dass du müde bist. Vielleicht können wir morgen weiterreden.").
- Nonverbale Kommunikationsformen wie Mimik und Gestik nutzen.
- So konkret wie möglich formulieren, kurze Sätze verwenden und schwierige Worte erklären. Dem Kind Hilfen bei der Formulierung geben.
- Das Kind ermutigen, zu erzählen, was es empfindet oder will, weil man es sonst nicht weiß.
- Dem Kind aufmerksam zuhören und ihm die nötige Zeit lassen.
- Durch Wiederholung der Äußerungen des Kindes und anhand von Beispielen deutlich machen, dass verstanden wurde, was das Kind sagen will.
- Darauf hinweisen, dass man das Gespräch unterbricht und später fortsetzen wird, sobald man merkt, dass das Kind nicht (mehr) bei der Sache ist.
- Deutlich das Ende eines Gesprächs markieren. Dafür sorgen, dass ein Kind nach einem schwierigen Gespräch wieder zu sich kommt.

**Kindliche Äußerungen spiegeln**

Die wichtigste Möglichkeit, einfühlsam zu reagieren, besteht darin, dem Kind nonverbal und verbal das zurückzuspiegeln, was es an sachlichen und emotionalen Inhalten ausgedrückt hat (vgl. Maywald & Valentien 2008, S. 34 ff.). Ein Großteil dieser Spiegelungen geschieht intuitiv. So atmet die Erzieherin zum Beispiel tief ein und macht ein sorgenvolles Gesicht, wenn das Kind etwas Trauriges erzählt. Auf diese Weise erfährt das Kind Verständnis und wird dabei unterstützt, sich selbst wahrzunehmen. Neben nonverbalen Signalen sind unterschiedliche Formen verbalen Spiegelns bedeutsam:

- Die Handlung eines Kindes wird benannt (begleitendes Sprechen). Beispiel: „Als du heute früh in die Gruppe gekommen bist, hast du dich gleich in die Hängematte gelegt, ohne die anderen zu begrüßen."
- Gefühle, die das Kind zeigt, werden benannt. Beispiel: „Als dir beim Malen der Wasserbecher umgefallen ist, hast du ganz erschrocken geschaut. Hattest du Angst, dass jemand schimpft?"
- Verbale Äußerungen des Kindes werden wiederholt – wortwörtlich, als korrigierendes Feedback oder in Umschreibung.

**Gespräche anregen**

Während manche Kinder bereitwillig auch über schwierige Themen sprechen und in ihren Äußerungen geradezu übersprudeln, trauen sich andere Kinder nur selten, von sich aus das Wort zu ergreifen. Gerade für schüchterne, in sich gekehrte, verängstigte oder sprachauffällige Kinder ist es wichtig, dass die Erzieherin Gespräche anregt.

Eine häufig erfolgreiche Möglichkeit, Kinder in Gespräche einzubeziehen, besteht darin, sich gemeinsam auf ein Drittes zu konzentrieren (eine trianguläre Perspektive einzunehmen). Dieses Dritte sollte das Kind möglichst emotional ansprechen. Beispiel: „Als du in der Kuschelecke ‚Streit' gespielt hast, hat dein Teddy ganz viel in sein Haus mitgenommen. Was war da alles dabei?"

**Fragetechniken sinnvoll nutzen**

Fragen unterstützen das Kind dabei, sich zu erinnern, Assoziationen aufzubauen, eigene Ideen zu strukturieren und sich eine Meinung zu bilden. Darüber hinaus wird den Kindern durch Fragen gezeigt, dass Erwachsene keineswegs – wie von ihnen oft vermutet – bereits alles wissen.

Um ein Gespräch mit Kindern zu eröffnen, sind offene Fragen (Fragen, auf die nicht mit „ja" oder „nein" geantwortet werden kann) sinnvoll, eventuell eingeleitet mit einer erläuternden Aussage. Beispiel: „Manchmal haben Kinder Angst, beispielsweise wenn sie bei Dunkelheit in den Keller gehen. Wann bist du schon einmal ängstlich gewesen?" Offene Fragen fördern freie Assoziationen. Sie begrenzen den Gesprächspartner nicht, sondern fordern ihn auf, sich inhaltlich und persönlich zu beteiligen. Geschlossene Fragen, auf die mit einem einfachen „Ja" oder „Nein" geantwortet werden kann, sind demgegenüber für die Klärung von Sachinhalten wichtig. Beispiel: „Möchtest du etwas zu trinken haben?" Auch die sogenannten W-Fragen (wer, was, wo, wann, wie, warum), mit denen häufig eine offene Fragestellung verbunden wird, können Entscheidungsfragen sein, deren Antworthorizont vorgegeben ist. Beispiel: „Wie alt bist du?". Beispiele für offene Fragen:

- Ich habe gesehen, dass du … Was hattest du denn vor?
- Magst du mir dazu etwas erzählen?
- Kannst du mir zeigen (erklären, erzählen), was du dann gemacht hast?
- Weißt du noch, …?
- Wie kannst du dir das erklären?

Fragen können auf unterschiedliche Weise wiederholt werden, wenn dabei nicht zu komplex und abstrakt gefragt wird. Es erleichtert das Verständnis, eher raum- als zeitbezogen zu fragen (z. B. „Wo warst du, als … passiert ist?" statt „Wann …?"). An einen räumlich-situativen Kontext können sich junge Kinder leichter erinnern als an zeitliche Abläufe.

Bisweilen kann es hilfreich sein, auf die Metaebene zu wechseln, also über das Reden zu reden. Beispiel: „Weißt du, manchmal traue ich mich nicht, etwas zu sagen. Geht es dir auch so?"

**Für den Gesprächsbeginn sind offene Fragen sinnvoll.**

Metakommunikation macht besonders deutlich, dass ein Interesse an der wirklichen Meinung des Kindes besteht.

Suggestive Fragen wie „Es war doch bestimmt ganz toll, dass dein Papa am Wochenende auf dich aufgepasst hat, oder?", sollten weitgehend vermieden werden, da sich in ihnen bereits die Antworten verstecken, die vom Kind erwartet werden. Auch mit ironischen Fragen („Könnt ihr nicht noch lauter sein?") ist Vorsicht geboten, da Kinder dadurch verwirrt werden können.

„Ich bin für dich da und höre dir zu!"

Langsames Sprechen beruhigt. Wer langsam spricht, gibt dem anderen das Gefühl, reagieren zu dürfen. Fragen sollten daher langsam und deutlich formuliert werden. Auf diese Weise können Kinder besser in das Gespräch einsteigen. Sie haben ausreichend Zeit, die Informationen zu verarbeiten und in Ruhe selbst zu formulieren. Am Ende von (Frage-)Sätzen langsamer zu werden, markiert für die Kinder, dass sie jetzt antworten können.

**Altersgerechte Beteiligung an Entscheidungen**

Die Bereitschaft zur Kommunikation wird durch die Erfahrung eigener Wirksamkeit gefördert, also dadurch, dass dem Kind deutlich wird, dass seine Worte Gewicht haben und zu Veränderungen im Handeln führen. Am Ende eines Gesprächs sollte daher mit dem Kind besprochen werden, welche Konsequenzen sich daraus ergeben. Die Erzieherin sollte ihm mitteilen, dass sie über wichtige Inhalte des Gesprächs mit ihren Kolleginnen sprechen wird, um anschließend den Austausch mit den Eltern zu suchen (dies gilt nicht in den Fällen, in denen ein Gespräch mit den Eltern die Gefährdung des Kindes noch verstärkt).

**Bei Verdacht auf Kindeswohlgefährdung muss das Gespräch mit den Eltern gesucht werden.**

Manchmal will ein Kind nicht, dass die Eltern erfahren, was es im Kindergarten über die Situation zu Hause erzählt hat. In diesem Fall sollte die Erzieherin nachfragen, was das Kind befürchtet – und auch, was genau aus seiner Sicht den Eltern nicht mitgeteilt werden soll. In vielen Fällen bezieht sich der Wunsch des Kindes nach Vertraulichkeit lediglich auf bestimmte Aspekte seiner Mitteilungen oder auf einzelne Formulierungen, wegen derer es sich zum Beispiel schämt. Soweit dies nicht den Kern seiner Aussagen betrifft, sollte darauf Rücksicht genommen werden.

Wenn ein Kind jedoch darauf besteht, dass mit den Eltern überhaupt nicht über seine Situation gesprochen wird, so kann diesem Wunsch nicht entsprochen werden. Dem Kind sollte dies zum Beispiel wie folgt vermittelt werden: „Ich habe verstanden, dass du nicht möchtest, dass wir mit deinen Eltern über deine Situation sprechen. Du befürchtest, dass dann alles nur noch schlimmer wird. Für mich ist ein Gespräch mit deinen Eltern aber sehr wichtig, weil ich für deinen Schutz und deine Sicherheit mit verantwortlich bin. Daher werde ich zusammen mit deinen Eltern versuchen, eine Lösung zu finden, damit es dir besser geht." Anschließend sollte dem Kind versichert werden, dass es von der Erzieherin über den Verlauf der Gespräche mit den Eltern auf dem Laufenden gehalten wird. Die Information und Einbeziehung des Kindes in die weiteren Entscheidungen sollten auch Bestandteil der Gespräche mit den Eltern sein.

## Gesprächsführung mit Eltern

Eltern, die ihr Kind vernachlässigen oder ihm Gewalt antun, fühlen sich normalerweise deswegen schuldig. Auch wenn sie es nicht gerne zugeben, wissen sie in der Regel, dass ihr Verhalten nicht in Ordnung ist und dem Kind schadet. Gerade deshalb reagieren sie besonders empfindlich, sobald sie darauf angesprochen werden.

Wenn die Kindertageseinrichtung bei einem Kind gewichtige Anhaltspunkte für eine Kindeswohlgefährdung feststellt, bestehen unterschiedliche Möglichkeiten, mit den Eltern umzugehen:

- Nichts tun, in der Hoffnung, dass sich die Situation von alleine entschärft;
- die Eltern bei nächster Gelegenheit zwischen Tür und Angel ansprechen;
- die Eltern zu einem Gespräch einladen.

**Nichts tun?**

Für die Möglichkeit, die Anhaltspunkte für eine Gefährdung nicht zum Thema zu machen, spricht, dass dadurch der Kontakt zu den Eltern nicht belastet und der Verbleib des Kindes in der Einrichtung nicht gefährdet wird. Außerdem könnte angeführt werden, dass sich die KiTa nicht in die Angelegenheiten der Familie einzumischen habe. Bei näherer Betrachtung erweisen sich diese Argumente allerdings als nicht stichhaltig. Fachliche Erfahrung zeigt, dass Gewalt gegen Kinder keineswegs „von selbst" aufhört, sondern – im Gegenteil – eine Tendenz zur Wiederholung und oft sogar Steigerung in sich trägt, sofern keine Intervention von außen erfolgt und keine Hilfen angeboten werden. Fraglich ist auch, ob das Verhältnis zu den Eltern durch Nicht-Reagieren tatsächlich unbelastet bleibt. Stille Vorwürfe und eine innere Distanzierung gefährden den Kontakt oft mehr als eine offene Klärung der Situation. Nicht zuletzt widerspricht Nichtstun bei Verdacht auf Kindeswohlgefährdung den gesetzlichen Vorgaben, die besagen, dass Kindertageseinrichtungen bei gewichtigen Anhaltspunkten für eine Kindeswohlgefährdung tätig werden müssen (§ 8a Abs. 2 SGB VIII). Aus fachlicher und rechtlicher Sicht scheidet die Möglichkeit des Nichtstuns bzw. Abwartens daher aus.

**Das Gespräch zwischen Tür und Angel suchen?**
Die zweite Möglichkeit, nämlich die Eltern bzw. einen Elternteil in einer Bring- oder Abholsituation auf das Thema anzusprechen, hat den Vorteil, dass damit ein niederschwelliger Zugang gewählt wird. Die Ansprache erfolgt prompt und direkt, ohne die Angelegenheit allzu hoch zu hängen. Dem stehen jedoch gravierende Nachteile gegenüber. Weder die Eltern noch die Erzieherin können sich auf das Gespräch vorbereiten. Da die Situation nicht planbar ist, kann das Gespräch in der Regel nicht von zwei Erzieherinnen geführt werden. Tür- und Angelgespräche sind sehr anfällig für Störungen, zum Beispiel aufgrund von Unterbrechungen durch Kinder oder andere Eltern, eingehende Telefonate usw. Das Gespräch ist wenig geschützt vor neugierigen Zuhörern. Außerdem kann meistens nur ein Elternteil daran teilnehmen. Alles in allem überwiegen die Nachteile von Tür- und Angelgesprächen im Falle einer vermuteten Kindeswohlgefährdung.

Das Gespräch mit den Eltern suchen

**Die Eltern zum Gespräch einladen**
Viel spricht demnach dafür, im Falle gewichtiger Anhaltspunkte für eine Kindeswohlgefährdung die dritte Möglichkeit zu wählen und die Eltern zu einem extra aus diesem Grund anberaumten Gespräch einzuladen. Im Folgenden werden Rahmenbedingungen und Ablauf eines solchen Gesprächs sowie wichtige Aspekte der Gesprächsführung erläutert.

**Teilnehmer:** Zu dem Gespräch sollten beide Eltern eingeladen werden, je nach Familiensituation auch die Lebenspartner oder eine andere für das Kind Sorgeverantwortung übernehmende Person. Von Seiten der KiTa sollten zwei Erzieherinnen an dem Gespräch teilnehmen, darunter in der Regel die Leiterin. Eine Gesprächsführung zu zweit erhöht die Aufmerksamkeit und ermöglicht eine sinnvolle Rollenverteilung: Die Leiterin übernimmt die Moderation, während die für das Kind zuständige Erzieherin von den Beobachtungen berichtet, die zur Sorge um das Kind Anlass geben.

**Einladung:** Die Eltern können mündlich und/oder schriftlich eingeladen werden. In jedem Fall sollte der Termin mündlich bestätigt werden. Dabei ist es sinnvoll, sich zugleich über die teilnehmenden Personen zu verständigen. Als Begründung für die Einladung zum Gespräch kann angegeben werden, dass die KiTa ein außerplanmäßiges Entwicklungsgespräch wünscht. Um nicht unnötig Druck aufzubauen, ist es sinnvoll, bereits bei Aufnahme eines Kindes die Eltern darauf hinzuweisen, dass es zur Arbeitsweise der Einrichtung gehört, dass die Eltern ebenso wie die Erzieherinnen bei Bedarf jederzeit ein außerplanmäßiges Entwicklungsgespräch anberaumen können.

**Leiterin und zuständige Erzieherin führen das Gespräch gemeinsam.**

**Zeit und Ort:** Das Gespräch sollte so terminiert werden, dass niemand (z. B. aus beruflichen Gründen) an der Teilnahme gehindert wird. Eventuell muss eine Kinderbetreuung organisiert werden, damit die Erwachsenen ungestört miteinander sprechen können. Normalerweise reichen 45 bis 60 Minuten für das Gespräch aus, bei Bedarf kann ein Folgetermin vereinbart werden. Länger dauernde Gespräche sind zumeist nicht sinnvoll, da die Konzentration nachlässt. Nicht nur der Zeitpunkt des Beginns, sondern auch die maximale Dauer des Gesprächs sollten bereits in der Einladung benannt werden. Als Ort für das Gespräch sollte ein ausreichend großer Raum gewählt werden, der mit einem Tisch und bequemen Stühlen (kein Sofa) ausgestattet ist. Der Raum sollte vor Störungen (z. B. durch Telefonate) geschützt sein.

**Vorgehen bei Absagen bzw. Nichterscheinen:** Wenn beide Eltern das Gespräch absagen oder nicht erscheinen, sollte nach Abklärung der Gründe ein zweiter Versuch unternommen werden. Wird auch dieser Termin nicht wahrgenommen und bestehen die gewichtigen Anhaltspunkte für eine Kindeswohlgefährdung fort, sollte die Leiterin die Eltern schriftlich um ein Gespräch mit einem/einer Mitarbeiter/in des Jugendamts bitten. Lehnen die Eltern ein solches gemeinsames Gespräch nachhaltig ab oder ignorieren sie die Einladung, muss die KiTa das Jugendamt auch ohne Einwilligung der Eltern informieren (§ 8a Abs. 2 SGB VIII). Wenn beide Eltern ihre Teilnahme an dem Gespräch zugesagt haben, aber nur ein Elternteil erscheint, sollten die Gründe für das Nichterscheinen thematisiert und das Gespräch verschoben werden. Dabei sollte die Leiterin deutlich machen, wie wichtig ihr der Austausch mit beiden für das Kind verantwortlichen Eltern ist. Wenn auch zum zweiten Termin nicht beide Eltern erscheinen, so muss diese Entscheidung respektiert und das Gespräch mit einem Elternteil allein geführt werden.

**Das weitere Vorgehen wird vereinbart und schriftlich fixiert.**

**Begrüßung und Eröffnung:** Zunächst kann den Eltern etwas zu trinken angeboten werden. Günstig ist es, in diesem Fall eine Alternative zu formulieren, um deutlich zu machen, dass den Eltern auch in einer möglicherweise angespannten Situation zugetraut wird, Entscheidungen zu treffen (z. B. „Möchten Sie ein Glas Wasser oder lieber eine Tasse Kaffee?"). Begrüßung und Eröffnung des Gesprächs sind Aufgabe der Leiterin. Sie könnte sich zum Beispiel wie folgt an die Eltern wenden: „Vielen Dank, dass Sie beide sich Zeit für dieses Gespräch genommen haben. Wir haben Sie zu diesem außerplanmäßigen Entwicklungsgespräch eingeladen, weil wir uns Sorgen um Ihr Kind machen. Wir bitten Sie, uns bei der Beantwortung der Frage zu unterstützen, inwieweit diese Sorgen berechtigt sind und was getan werden kann, um sie gegebenenfalls auszuräumen."

**Verlauf des Gesprächs:** Im Anschluss an die Gesprächseröffnung sollte die Leiterin die zuständige Erzieherin bitten, die gewichtigen Anhaltspunkte für eine Kindeswohlgefährdung möglichst konkret zu benennen und die daraus resultierende Besorgnis der Einrichtung zu formulieren. Die Erzieherin sollte ihre Beobachtungen und die der Kolleginnen sachlich darstellen, ohne dabei über die Gründe für die mögliche Gefährdung des Kindes zu spekulieren. Nicht nur die äußerlich sichtbaren Folgen wie zum Beispiel eine Verletzung oder ein auffälliges Verhalten des Kindes, sondern auch die vermuteten seelischen Folgen für das Kind und die damit verbundenen Sorgen der pädagogischen Fachkräfte sollten thematisiert werden. Jegliche Schuldzuweisungen sind zu vermeiden.
Beispiel für die Schilderung einer Erzieherin: „Als Sie am Mittwoch Nachmittag Ihr Kind abgeholt haben, ist mir aufgefallen, dass Sie deutlich nach Alkohol rochen. Auch Ihr Sohn muss das bemerkt haben, denn er drehte sich kurz zu mir, um mir durch seinen Gesichtsausdruck deutlich zu machen, dass mit seiner Mutter etwas nicht stimmt. Sie haben dann schnell die KiTa verlassen und offensichtlich fiel Ihnen das Gehen schwer. Als ich den Vorfall in unserem Team zur Sprache brachte, berichtete eine Kollegin, dass ihr genau eine Woche zuvor ebenfalls aufgefallen war, dass Sie beim Abholen Ihres Sohnes nach Alkohol gerochen haben. Auch zwei weitere Kolleginnen äußerten, dass sie bereits einmal vermutet hatten, dass Sie in der KiTa unter Alkoholeinfluss standen. Wir machen uns Sorgen um Ihren Sohn, weil er den Eindruck bekommen muss, dass seine Mutter nicht in jeder Situation un-

eingeschränkt für ihn die Verantwortung übernehmen kann. Außerdem befürchten wir, dass er ausgegrenzt werden könnte, wenn die anderen Kinder oder Eltern bemerken, dass Sie alkoholisiert in die KiTa kommen. Sorgen macht uns auch die Befürchtung, dass Ihrem Kind und Ihnen auf dem Nachhauseweg im Straßenverkehr etwas zustoßen könnte."

Im nächsten Schritt sollte die Leiterin die Eltern bitten, aus ihrer Sicht zu schildern, wie sie die Situation sehen. Ausdrücklich sollten die Eltern aufgefordert werden, mögliche weitere Punkte zu benennen, die ihnen hinsichtlich ihres Kindes Sorgen bereiten und die der KiTa bisher eventuell nicht bekannt waren und/oder wichtig sind, um ein Gesamtbild der Situation zu erhalten. Daraufhin kann eine erste Bilanz gezogen werden: Welche Sorgen haben sich als (nicht) berechtigt erwiesen? Was erweist sich bei genauerer Betrachtung als weniger/besonders bedeutsam? Welche neuen Aspekte sind hinzugekommen? Inwieweit überschneidet sich die Problemsicht der Mutter bzw. des Vaters mit der Perspektive der KiTa? In welchen Punkten konnte keine Einigung erzielt werden? Anschließend geht es darum, Lösungen für die erkannten Probleme zu finden. Dies kann auf drei Ebenen geschehen: (1) Änderungen, die von den Eltern selbst herbeigeführt werden; (2) Unterstützung, die von der KiTa geleistet wird; (3) Hilfen, die bei anderen Diensten oder Einrichtungen (z. B. Beratungsstellen, Jugendamt, medizinische Dienste) in Anspruch genommen bzw. beantragt werden. Sofern eine bestimmte Lösung nicht auf der Hand liegt und die Probleme einer genaueren Diagnostik bedürfen, muss überlegt werden, durch wen die weitere Abklärung erfolgen soll (z. B. Allgemeiner Sozialer Dienst des Jugendamts).

**Vereinbarung über das weitere Vorgehen:** Zum Schluss des Gesprächs muss das weitere Vorgehen vereinbart werden: Wer unternimmt was in welchem Zeitraum? Was geschieht, wenn vereinbarte Lösungen sich als nicht durchführbar oder erfolglos erweisen? Wann findet das nächste Gespräch statt, in dem überprüft wird, ob die Hilfen erfolgreich waren? Sind die Eltern damit einverstanden, dass die KiTa direkt in Kontakt zu einer beteiligten Einrichtung (z. B. dem Jugendamt) tritt? Je nach elterlicher Kooperationsbereitschaft und Schweregrad der Gefährdung sollte den Eltern gegebenenfalls mitgeteilt werden, dass die KiTa das Jugendamt informieren muss, sofern die vereinbarten Hilfen nicht in Anspruch genommen werden oder nicht ausreichen. Sämtliche Vereinbarungen sollten schriftlich festgehalten und von den Eltern und der Leiterin unterschrieben werden. Zum Schluss sollte sich die Leiterin bei den Eltern für deren Mitwirkung bedanken und den Termin des nächsten Gesprächs in Erinnerung rufen.

## Anforderungen an die Dokumentation

Eine sorgfältige schriftliche Dokumentation ist Bestandteil eines professionellen Umgangs mit Kindeswohlgefährdungen. Die Dokumentation dient sowohl der Evaluation des eigenen Vorgehens als auch – falls erforderlich – der rechtlichen Überprüfbarkeit. Sofern im Sinne von § 8a Abs. 2 SGB VIII das Jugendamt eingeschaltet wird, trägt eine gut geführte Dokumentation auch dazu bei, die Vorgehensweise der Kindertageseinrichtung fachlich nachvollziehbar und überprüfbar zu machen.

Die Dokumentation sollte von der für das Kind zuständigen Erzieherin in Absprache mit der Leiterin erstellt werden. Zur Gewährleistung des Datenschutzes ist darauf zu achten, dass die Dokumentation so aufbewahrt wird, dass sie nicht von unbefugten Dritten eingesehen werden kann.

**Die Dokumentation dient auch der Evaluation des eigenen Vorgehens.**

Beobachtungen sollten zeitnah festgehalten und so konkret wie möglich beschrieben werden. Daraus abgeleitete Hypothesen und Schlussfolgerungen sind als solche zu benennen und von den Beobachtungen getrennt darzustellen. Sämtliche Angaben sollten mit Datum und Uhrzeit sowie mit dem Namen der jeweils dokumentierenden Fachkraft gekennzeichnet sein.

Die Dokumentation sollte sich insbesondere auf die folgenden Aspekte beziehen:

- Beschreibung der (gewichtigen) Anhaltspunkte für eine Kindeswohlgefährdung bei Kind und Eltern sowie der daraus abgeleiteten Hypothesen.

- Ergebnisse der kollegialen Beratung unter Einbeziehung der Leiterin und gegebenenfalls des Trägers (einschließlich eventuell abweichender fachlicher Einschätzungen).
- Ergebnisse der Beratung mit der insofern erfahrenen Fachkraft gemäß § 8a Abs. 2 SGB VIII.
- Beschreibung der Kontaktaufnahme und der Gespräche mit den Eltern sowie Darstellung der Gesprächsergebnisse.
- Nennung der von den Eltern in Anspruch genommenen Hilfen, sowohl innerhalb der Einrichtung als auch von externen Fachdiensten (einschließlich der vereinbarten Rückmeldungen).
- Beschreibung der Wirksamkeit der angenommenen Hilfen im Hinblick auf die Beendigung der Gefährdung.
- Falls im konkreten Fall erforderlich: Informationen, die an das Jugendamt übermittelt wurden.
- Falls im konkreten Fall erforderlich: Vereinbarungen über die Kooperation zwischen Kindertageseinrichtung und Jugendamt.

## Prävention von Gefährdungen

Neben der notwendigen Hilfe im Einzelfall gibt es zahlreiche präventive Möglichkeiten, das Klima in der Kindertageseinrichtung insgesamt so zu beeinflussen, dass ein respektvoller Umgang zwischen Kindern und Erwachsenen gefördert wird und die Eltern angeregt und unterstützt werden, auch im familiären Bereich gewaltfrei zu erziehen. Im Folgenden werden konkrete Möglichkeiten der positiven „Klimabeeinflussung“ genannt:

- Leitbild und Konzeption der Einrichtung werden am Vorrang des Kindeswohls (Grundbedürfnisse und Grundrechte) orientiert. Der Respekt vor der Individualität jedes Kindes nimmt einen zentralen Stellenwert ein. Das Recht jedes Kindes auf gewaltfreie Erziehung wird ausdrücklich benannt.
- Die Stärkung der kindlichen Persönlichkeit ist Bestandteil des Bildungsangebots (z. B. Durchführung von „Kindergarten *plus*“, ein Programm zur Stärkung der sozialen und emotionalen Fähigkeiten der Kinder).
- Es gibt eine „Beteiligungskultur“, das heißt, die Kinder werden an allen sie betreffenden Entscheidungen altersgerecht beteiligt.
- Im Rahmen der Erziehungs- und Bildungspartnerschaft findet ein reger Austausch mit den Eltern statt, in dessen Rahmen auch Konflikte offen ausgetragen werden. Die Eltern werden ermuntert, bei auftretenden Problemen das Gespräch mit den Erzieherinnen zu suchen.
- Den Eltern stehen in der Einrichtung Ansprechpersonen zur Verfügung, die mit Fragen, Anregungen und Kritik professionell umgehen (Beschwerdemanagement).
- Die KiTa ist mit anderen Diensten und Einrichtungen vor Ort vernetzt und informiert die Eltern über Angebote der Familienberatung, Familienbildung etc.
- Die Mitarbeiterinnen erhalten ausreichende Möglichkeiten für Fortbildung, Supervision und Coaching, unter anderem im Hinblick auf den Umgang mit Kindeswohlgefährdung.

Ziel eines solchen Bündels von Maßnahmen ist, dass die KiTa für Kinder, Eltern und Mitarbeiterinnen ein Ort ist, an dem sie sich gerne aufhalten und in der wertschätzenden Begegnung mit anderen wechselseitig profitieren.

## Schlusswort

Jedes in Deutschland lebende Kind hat ein Recht auf Schutz vor Gewalt und anderen Gefährdungen für sein Wohl. Aus den Rechten der Kinder folgt eine Schutzpflicht all derer, die Verantwortung für Kinder tragen. Dies gilt auch für Kindertageseinrichtungen. In erster Linie ist es dabei Aufgabe der Erzieherinnen, Anzeichen für Gefährdungen so früh wie möglich zu erkennen, um rechtzeitig Hilfen anzubahnen und (weiteren) Schaden vom Kind abzuwenden.

Der Schutz von Kindern in Tageseinrichtungen ist daher vor allem auf Prävention angelegt. Neben der Hilfe für einzelne betroffene Kinder und ihre Eltern sollte der Kinderschutz Teil der pädagogischen Arbeit mit den Kindern und der Angebote für alle Eltern sein. Die Durchführung von Bildungsprogrammen zur Förderung der sozialen und emotionalen Kompetenzen der Kinder gehört hier ebenso dazu wie Themenelternabende und Familienbildungsangebote. Den Schutz und die Stärkung der Persönlichkeit der Kinder in Tageseinrichtungen als Bestandteil des allgemeinen Erziehungs-, Bildungs- und Betreuungsauftrags zu verstehen, trägt dazu bei, Gewalt gegen Kinder und andere Formen der Gefährdung immer weiter zurückzudrängen.

# Adressen

Für den Umgang von pädagogischen Fachkräften in KiTas mit Kindeswohlgefährdung sind vor allem die Adressen von Kooperationspartnern vor Ort wichtig. Hierzu gehören neben Notfalladressen (Polizei, Feuerwehr, Krankenhaus, Kinderarzt) die Adressen des zuständigen Jugend- und Gesundheitsamtes sowie von Beratungsstellen. Zu empfehlen ist, eine mit Adressen und Ansprechpartnern versehene „Landkarte" der medizinischen und psychosozialen Einrichtungen und Dienste in der Region anzulegen. Ergänzend sollten auch für die Eltern Adressen, Flyer, Plakate etc. relevanter Institutionen zugänglich sein, um auf diese Weise deutlich zu machen, dass eine Vernetzung mit anderen Einrichtungen im Sozialraum selbstverständlicher Bestandteil der Arbeit der Kindertageseinrichtung ist. Die folgende Liste verzeichnet wichtige überregionale Adressen.

Arbeitskreis Neue Erziehung (ANE) e.V.
Boppstr. 10, 10967 Berlin
Tel. 0 30 / 25 90 06-0,
www@ane.de
(Elternbriefe u.a. zur gewaltfreien Erziehung)

Bundesarbeitsgemeinschaft der Kinderschutz-Zentren
Bonner Str. 145, 50968 Köln
Tel. 02 21 / 56 97 53,
www.kinderschutz-zentren.org
(Adressen der Kinderschutz-Zentren)

Bundeskonferenz für Erziehungsberatung (bke) e.V.
Herrnstr. 53, 90763 Fürth
Tel. 09 11 / 97 71 40,
www.bke.de
(Verzeichnis der Erziehungs- und Familienberatungsstellen)

Deutsche Gesellschaft gegen Kindesmisshandlung und -vernachlässigung (DGgKV) e.V.
Königsweg 9, 24103 Kiel
Tel. 04 31 / 67 12 84,
www.dggkv.de
(Informationen für Fachkräfte)

Deutsche Liga für das Kind
Charlottenstr. 65, 10117 Berlin
Tel. 0 30 / 28 59 99 70,
www@liga-kind.de
(Filme u.a. zur gewaltfreien Erziehung, Wegweiser für den Umgang nach Trennung und Scheidung)

Deutscher Kinderschutzbund Bundesverband (DKSB) e.V.
Schöneberger Str. 15, 10963 Berlin
Tel. 0 30 / 21 48 09-0,
www.dksb.de
(Elterntelefon: 08 00-1 11 05 50)

Informationszentrum Kindesmisshandlung/Kindesvernachlässigung (IzKK)
c/o Deutsches Jugendinstitut
Nockherstr. 2, 81541 München
Tel. 0 89 / 6 23 06-0,
www.dji.de/izkk
(Fachinformationen u.a. zur Prävention von Gewalt gegen Kinder)

Nationales Zentrum Frühe Hilfen
c/o Bundeszentrale für gesundheitliche Aufklärung
Ostmerheimer Str. 220, 51109 Köln
Tel. 02 21 / 89 92-0,
www.fruehehilfen.de
(Vernetzung früher Hilfen)

# Literatur


Arbeitskreis Neue Erziehung: Kinder stark machen – sexuellem Missbrauch vorbeugen. Sonderelternbrief. Zu beziehen über: Arbeitskreis Neue Erziehung, E-Mail: ane@ane.de.

Arbeitskreis Neue Erziehung: Mit Respekt geht's besser – Kinder gewaltfrei erziehen. Sonderelternbrief. Zu beziehen über: Arbeitskreis Neue Erziehung, E-Mail: ane@ane.de.

Ariès, P. (1978): Geschichte der Kindheit. München: dtv.

Brazelton, T. B./Greenspan, S. I. (2002): Die sieben Grundbedürfnisse von Kindern. Weinheim: Beltz.

Bundesregierung (2005): Nationaler Aktionsplan „Für ein kindergerechtes Deutschland. 2005–2010". Berlin.

Bundeszentrale für gesundheitliche Aufklärung (Hrsg.): „Entdecken, schauen, fühlen!" Medienpaket zur Sexualerziehung im Kindergarten. Zu beziehen über: www.kinderliedertour.de.

de Mause, L. (1977): Hört ihr die Kinder weinen. Eine psychogenetische Geschichte der Kindheit. Frankfurt am Main: Suhrkamp.

Delfos, M. F. (2004): „Sag mir mal ...". Gesprächsführung mit Kindern. Weinheim: Beltz.

Deutsche Hauptstelle für Suchtfragen e.V. (Hrsg.): „Bitte hör auf! Deine Kinder Lars & Laura". Bildergeschichte mit Informationen für Kinder alkoholabhängiger Eltern. Zu beziehen über: www.dhs.de.

Deutsche Liga für das Kind (Hrsg.) (2002): Kinder sind unschlagbar. Keine Gewalt in der Erziehung. Film zum Recht von Kindern auf gewaltfreie Erziehung (DVD, 50 Min.). Zu beziehen über: Deutsche Liga für das Kind, E-Mail: post@liga-kind.de.

Deutsche Liga für das Kind (Hrsg.) (2008): Kindergarten *plus*. Förderung der sozialen und emotionalen Kompetenzen vier- und fünfjähriger Kinder. Informationen über: Deutsche Liga für das Kind, E-Mail: post@liga-kind.de.

Deutsche Liga für das Kind/Deutscher Kinderschutzbund/Verband alleinerziehender Mütter und Väter (Hrsg.) (2. Aufl. 2007): Wegweiser für den Umgang nach Trennung und Scheidung. Zu beziehen über: Deutsche Liga für das Kind, E-Mail: post@liga-kind.de.

Deutscher Kinderschutzbund LV Nordrhein-Westfalen/Nieders. Ministerium für Soziales, Frauen, Familie und Gesundheit (Hrsg.) (2007): Kindesvernachlässigung. Erkennen – Beurteilen – Handeln. Münster: ISA Eigenverlag.

Fegert, J. M. (1999): Welches Wissen erleichtert dem Verfahrenspfleger die Kommunikation mit Kindern? In: Familie, Partnerschaft, Recht, Heft 6/1999, S. 321–327.

Goldstein, J./Freud, A./Solnit, A. J. (1974): Jenseits des Kindeswohls. Frankfurt am Main: Suhrkamp.

Goldstein, J./Freud, A./Solnit, A. J. (1982): Diesseits des Kindeswohls. Frankfurt am Main: Suhrkamp.

Goldstein, J./Freud, A./Solnit, A. J. (1988): Das Wohl des Kindes. Frankfurt am Main: Suhrkamp.

Helfer, M. E./Kempe, R. S./Krugman, R. D. (Hrsg.) (2002): Das misshandelte Kind. Frankfurt am Main: Suhrkamp.

Jordan, E. (Hrsg.) (2006): Kindeswohlgefährdung. Rechtliche Neuregelungen und Konsequenzen für den Schutzauftrag der Kinder- und Jugendhilfe. München: Juventa.

Key, E. (2000): Das Jahrhundert des Kindes. Weinheim: Beltz.

Kinderschutz-Zentrum Berlin e.V. (Hrsg.) (8. Aufl. 2000): Kindesmisshandlung. Erkennen und Helfen. Berlin: Bundesministerium für Familie, Senioren, Frauen und Jugend.

Kindler, H. et al. (Hrsg.) (2007): Handbuch Kindeswohlgefährdung nach § 1666 BGB und Allgemeiner Sozialer Dienst (ASD). PDF-Version des Handbuchs zu beziehen über: publikationen@bundesregierung.de.

Korbin, J. E. (2002): Kindesmisshandlung im kulturellen Kontext. In: Helfer, M. E. et al. (Hrsg.): Das misshandelte Kind. Frankfurt am Main: Suhrkamp, S. 49–78.

Korczak, J. (6. Aufl. 1998): Das Recht des Kindes auf Achtung. Göttingen: Vandenhoeck & Ruprecht.

Lindgren, A. (1978): Ansprachen anlässlich der Verleihung des Friedenspreises des Deutschen Buchhandels. Frankfurt am Main: Deutscher Börsenverein.

Maslow, A. H. (11. Aufl. 2008): Motivation und Persönlichkeit. Reinbek: Rowohlt.

Maywald, J./Valentien, S. (2008): Kindergarten *plus*. Handbuch für Erzieherinnen. Berlin: Deutsche Liga für das Kind.

Resch, F. (2001): Selbstentfremdung: Entwicklungsstörung oder Selbstfürsorge? In: Lehmkuhl, U. (Hrsg.): Abschied und Neubeginn, Kontinuität und Wandel in der Individualpsychologie. München: Reinhardt, S. 99–116.

Resch, F./Lehmkuhl, U. (2008): Zur Entwicklung der kindlichen Persönlichkeit: Grundbedürfnisse und Forderungen an die soziale Umwelt. In: frühe Kindheit, Heft 2/2008, S. 6–11.

Streeck-Fischer, A. et al. (2001): Perspektiven der Traumaforschung. In: Streeck-Fischer, A. et al. (Hrsg.): Körper, Seele, Trauma. Göttingen: Vandenhoeck & Ruprecht, S. 12–22.

Strohhalm e.V. (Hrsg.) (2003): „Ist das eigentlich normal?“ Sexuelle Übergriffe unter Kindern. Leitfaden zur Verhinderung und zum pädagogisch-fachlichen Umgang. Zu beziehen über: www.strohhalm-ev.de.

Vereinte Nationen (1989): Übereinkommen über die Rechte des Kindes. New York. Zu beziehen über: www.national-coalition.de.

von Staudinger, J./Coester, M. (2000): Kommentar zum Bürgerlichen Gesetzbuch. 4. Buch Familienrecht §§ 1638–1683. 13. Bearbeitung. Berlin: Sellier-de Gruyter.

Ziegenhain, U./Fegert J. M. (Hrsg.) (2007): Kindeswohlgefährdung und Vernachlässigung. München: Ernst Reinhardt.

# Hinweis

Die Inhalte des Kapitels „Formen von Kindeswohlgefährdung“ sind zum Teil identisch mit der in ‚kindergarten heute‘ erschienenen Artikelreihe „Kinder in Krisen“ desselben Autors.
Die im Heft dargestellten rechtlichen Aspekte wurden juristisch geprüft, dennoch übernimmt der Verlag dafür keine Gewähr.

## Impressum

**spezial: Kindeswohlgefährdung – erkennen, einschätzen, handeln** ist ein Sonderheft von ‚kindergarten heute – Fachzeitschrift für Erziehung, Bildung und Betreuung von Kindern‘

*Redaktion:*
Carolin Küstner (verantw.)

*Anschrift der Redaktion:*
Hermann-Herder-Str. 4
79104 Freiburg
Tel.: 0761 / 2717-439
Fax: 0761 / 2717-240
E-Mail: redaktion@kindergarten-heute.de
www.kindergarten-heute.de

*Verlag:*

www.herder.de

*Fotos:*
Hartmut W. Schmidt, Freiburg

*Layout:*
Frank & Konsorten
Werbeagentur, Lahr

*Satz und digitale Bearbeitung:*
fgb · freiburger graphische betriebe

*Druck:*
fgb · freiburger graphische betriebe 2010
www.fgb.de

*Leserservice:*
Verlag Herder GmbH
Hermann-Herder-Str. 4
79104 Freiburg
Tel.: 0761 / 2717-379
0761 / 2717-244
Fax: 0761 / 2717-249
E-Mail: kundenservice@herder.de

Gedruckt auf chlorfrei gebleichtem Papier

Titelnummer: 114

ISBN: 978-3-451-00114-7
2. Auflage